1 bis hameau de Tanqueue 78410 La Falaise
Tél. : 00 33 (0)1 30 90 10 45

Notre catalogue est disponible sur *www.editions-mdv.com*
Retrouvez notre actualité sur le blog
http://www.maitres-du-vent.blogspot.com

ISBN 978-2-35261-055-7

Conception graphique et réalisation : François Petit
En couverture, le palangrier austral *Île de la Réunion*
(photo Scapêche).

Histoires d'armements

À la pêche hauturière, de l'ACF à la Scapêche

Philippe Madiot et Philippe Malpertu

MDV MAÎTRES DU VENT
PÊCHE CONTEMPORAINE

Chalutage sur l'*Albert Granet* (ex-*Jean Germaine*), photo Dominique Montfort.

À tous les marins qui ont navigué sur ces flottilles.

Les auteurs tiennent à remercier vivement toutes les personnes qui, par leurs témoignages ou l'accès à leurs documents et photos, ont contribué à ce que cet ouvrage soit possible. Remerciements également à tous ceux qui ont bien voulu donner un peu de leur temps pour répondre à nos sollicitations.

Tout d'abord : Jack Daussy (historien de la pêche maritime), Claude Laurent (ancien commandant à l'ACF, à la SCAD et à l'armement Sparfel), Joël Perrot (ancien commandant à l'ACAF et à l'ACF), Bruno Quillivic (pour son fonds photographique), Jacques Samuel (ancien commandant du *Kerguelen de Tremarec*), La Scapêche (madame Cécile Zanonni, messieurs Bernard Bouguéon et Dominique Montfort), Association Treizour (Michel Balannec et Alain Gourret) pour les photos de Christian Signor.

Mais également : Noël-Luc Bosser, Philippe Burguin, Filip Cordenier, Aurélien Cormier, Wim Den Dulk, Jean-Pierre Dupuy, Antonio Gaspar, Sean Glackin, Angel Godar-Moreira, Philippe Guillou, Jean-Marie Groult, Yannick Le Bris, Christian Le Floch, Yves Legoff, André Le Gouill, Jacques Le Sager, Jean-Louis Malpertu, Pierre Mary, John McMeechan, Philippe Moreau, J.B. Muniz, Patrick Neveu, Didier Perron, Geneviève Planchette pour les photos d'Henri Le Brusq, Jean-Marc Pochic, Gino Provost, Lucien Quemener †, Frédéric Régnier, Régis Stéphan, Gilles Tanguy, Marc Thierry, Éric Touche, Henri Vallat, Carlos Varela Fraguela.

Les ouvrages traitant des bateaux de pêche actuels ne sont pas nombreux. Ceux sur la pêche industrielle le sont encore moins. L'appellation «pêche industrielle ou semi-industrielle» correspond à une définition précise. Tout d'abord, les armements de ce type font appel à des capitaux, parfois extérieurs au milieu de la pêche, ou à un actionnariat «quirataire» par opposition à la pêche artisanale où le patron est en général l'armateur et le propriétaire du bateau; encore que cela n'exclut pas toute possibilité de copropriété. Les bateaux de pêche industrielle sont de grosses unités, des chalutiers pour une écrasante majorité. Leur longueur est supérieure à 30 mètres et ils partent en haute mer pour des marées pouvant atteindre plusieurs semaines mais en général d'une durée de 10 à 15 jours.

D'ailleurs le terme «pêche semi-industrielle» ou «pêche industrielle» fait plus référence à une capacité de pêche qu'à un processus stable de fabrication. Ce fut probablement un terme choisi, faute de mieux. À un moment où écologie et développement durable font désormais partie des grandes préoccupations de notre société, on préfère les mots moins connotés de «pêche hauturière». Cela correspond également aux efforts de la filière pour œuvrer vers une pêche plus soucieuse de la ressource. C'est d'autant plus adapté qu'un procédé industriel suppose une parfaite maîtrise de toute la chaîne de fabrication (matières premières, transformation, vente). Or est-ce toujours le cas de la pêche? Certains facteurs ne peuvent être toujours maîtrisés ou contrôlés : aléas de la navigation, état de la mer, changements climatiques, diminution de la ressource, et pas seulement pour des raisons de surexploitation mais également par la modification des modes de vie des espèces.

C'est un secteur qui a marqué nombre de ports de notre littoral. Pour la plupart d'entre eux, c'est terminé. Des ports comme Bordeaux, Dieppe, Douarnenez, Dunkerque, Étel, Fécamp, Le Guilvinec, La Rochelle ont vu disparaître leurs flottilles industrielles au fil du temps, des restructurations du secteur et des crises de la pêche. Certes, quelques unités soit co-armées, soit immatriculées dans ces quartiers donnent l'impression d'une présence. C'est le cas à Fécamp où les trois derniers grands chalutiers connaissent plus les ports des Pays-Bas que celui symbolisé par les initiales FC.

Le quartier de Bayonne est devenu, certainement sans le vouloir, le conservatoire de plusieurs unités semi-industrielles. Ces armements, dits «franco-espagnols», ont racheté de nombreux chalutiers bretons ou rochelais pour les transformer en palangrier ou en fileyeur. Le dernier exemple est le *Cuca*, ex-*Jean-Claude Coulon* de Lorient et ex-*Kéréon* de Douarnenez.

Au final, quels sont les ports français de métropole où sont encore armés des bateaux de pêche «hauturière» c'est-à-dire des unités dont la longueur est supérieure à 30 mètres? Il y en a peu : le quartier de Bayonne, les ports de Boulogne-sur-Mer, Saint-Malo, Concarneau, Lorient. Dans ce dernier port, un armement domine, il s'agit de la Scapêche (Société centrale des armements Mousquetaires à la pêche).

Alors, quel est le lien entre l'ACF et la Scapêche-Intermarché? C'est que tous deux ont été à un moment donné – et c'est encore vrai pour la Scapêche – parmi les plus importants armateurs français à la pêche hauturière. L'ACF (Armement coopératif finistérien) se développa à Douarnenez dans les années 1960 et pesa fortement plus de 30 ans sur le port. Au milieu des années 1990, Intermarché cherche à investir dans la pêche. Après un premier chalutier de grande pêche bordelais, c'est le rachat de quatre chalutiers de l'armement lorientais Lucas, puis de plusieurs bateaux de l'ACF, enfin du concarnois Nicot et de l'armement Furic, situé au Guilvinec. Si, actuellement, la Scapêche possède une vingtaine de bateaux, ce furent près de 50 unités qui naviguèrent sous ses couleurs depuis 1993.

Montrer ce que furent ces armements dans leur diversité, en privilégiant la photographie, rassembler dans un même ouvrage des bateaux, qui, par définition, naviguent en haute mer et donnent peu l'occasion d'être vu, telle est l'ambition des deux auteurs, passionnés par l'univers marin.

Philippe Madiot et Philippe Malpertu

Le *Mariette Le Roch* est représentatif des chalutiers semi-industriels bretons. Construit en 1983, il est encore dans la lignée des unités hauturières des années 1970. Il aura connu Douarnenez sous le nom de *Pors Ar Vag* avec les armements ACF (et POB) avant de partir à Lorient avec les armements Sparfel et Scapêche (photo Philippe Malpertu).

De l'ACAF à l'ACF

À la charnière des années 1950 et 1960, le port de Douarnenez manque cruellement de régularité dans ses apports pour fournir criée et mareyeurs. La pêche est essentiellement saisonnière. La grande époque de la sardine est révolue et la déclin de la pêche langoustière ne va pas tarder. Sur les quais, une idée fait son chemin : développer le chalutage. Cela pourrait être la solution pour approvisionner le port toute l'année. Deux armements semi-industriels vont voir le jour, la SOGADO (Société de gérance et d'armement de Douarnenez), à l'initiative des mareyeurs, avec quatre chalutiers, les *Chambord*, *Chenonceaux*, *Cheverny* et *Josselin*, et l'armement Javel-Halley avec sept chalutiers, les *Véritas*, *Peccannini*, *Mechan Bihan*, *Avel A Benn*, *Avel Mad*, *Avel Mor* et *Avel Vraz*. Plusieurs de ces bateaux faisaient déjà partie de la flottille chalutière douarneniste depuis quelques années, armés par des patrons. En 1963, le slipway est construit ; le port dispose désormais d'une infrastructure à même de prendre en charge et d'entretenir de grosses unités.

À la même période, un homme, Fanch Gloaguen, originaire de Poulgoazec (commune de Plouhinec, en face d'Audierne), a compris qu'il fallait prendre appui sur le mouvement coopératif afin d'aider des patrons-pêcheurs à s'installer. C'est un ancien directeur de la coopérative d'Audierne. C'est grâce à lui que la conserverie de poisson Pêcheurs de France voit le jour en 1962 à Poulgoazec.

En 1964, il crée l'ACAF (Armement coopératif artisanal finistérien) dont *« l'objet est de construire et de gérer tous navires de pêche, d'acheter, transporter, transformer et vendre les produits de la mer »* (plaquette de l'armement, 1987). Joël Perrot, qui commanda plusieurs chalutiers de l'ACAF puis de l'ACF, résume le but initial de l'ACAF : *« Au début des années 1960, l'ACAF a acheté en copropriété avec des patrons-pêcheurs des bateaux en bois, des 18 mètres surtout, pour faire le thon et le chalut. C'était des bateaux d'Audierne et de Douarnenez. Il y en a eu beaucoup. Des jeunes patrons qui construisaient dans ces années-là faisaient appel à l'ACAF pour financer leur projet. C'était ça l'idée de l'ACAF, les patrons rachetaient leur part. Et à part quelques-uns qui n'ont pas réussi, ils sont tous devenus propriétaires de leurs bateaux. »* (entretien avec Philippe Malpertu, mai 2007). Joël Perrot fut lieutenant puis commandant sur plusieurs chalutiers de l'ACAF et de l'ACF. Il fut à plusieurs reprises « ruban bleu » du port de Douarnenez avec les chalutiers *Directeur Chatté*, *Trezien*, *Pors-Piron* et *Pors Ar Vag*.

Ainsi, de 1966 à 1970, aux Chantiers navals de Cornouaille à Douarnenez, l'ACAF fera construire et armer sept chalutiers côtiers (*Mam Zantel*, *Roche Blanche*, *Olympiade*, *Narval*, *Mab Ar Viden*, *Christmaria*, *Credo du Marin*) et le palangrier *Poullandard Coz*. Hormis ce dernier, toutes ces unités ne dépassaient pas les 22 mètres. Bien entendu, ce ne seront pas les seules à avoir été armées par l'ACAF pour des patrons-pêcheurs artisans et on peut également citer les *Petite Laurence*, *Saint-Guénolé* et *Intron Varia Ar Moor*. Furent également armés par l'ACAF au Guilvinec les chalutiers *Armen*, *Eckmühl*, *Exocet*, *Raoulic*, *Tréminou*, *Le Corse*, *R.P. Lebret*, *Olympiades*, *Mam Zantell*.

En 1965, afin de dynamiser le port, Fanch Gloaguen décide de passer à la vitesse supérieure. L'ACAF fait construire deux sisters-ships, les *Tévennec* (Julien Celton, 1er patron) et *Le Stiff* (Guillaume Colin en fut le 1er patron). Ces unités tirent leurs noms de phares de la pointe du Finistère et il est à noter que ces deux bateaux, les plus anciens de l'ACAF, naviguaient toujours au quartier de Bayonne en 2007. Et comme le port d'Audierne est difficilement praticable à marée basse par les unités hauturières, les bateaux seront basés à Douarnenez, quartier limitrophe.
Ce sont des chalutiers classiques c'est-à-dire à potences latérales, construits à la SICCNa (Société industrielle et commerciale de constructions navales) de Saint-Malo. Longs de 33 mètres, leur coque est en fer et ils sont propulsés par

1. Le *Directeur Terrin* lors de son neuvage en 1966. On remarque la forme du portique mobile. Le procédé sera vite abandonné au profit du portique fixe qui équipe actuellement tous les chalutiers. Mais dans les années 1960, cette technique, nouvelle, est en pleine évolution (photo coll. ACF).

2. Le *Men Brial* le 6 août 1969 (photo Joël Perrot).

un moteur de 750 ch. Ils seront suivis dès l'année suivante par le *Directeur Terrin*, pris à neuf par Julien Celton. Ce sera le premier chalutier de pêche arrière de l'armement, long de 33,25 mètres et construit également à la SICCNa.

Une opportunité se présente alors. La France a offert à la Mauritanie deux chalutiers pêche arrière de 33,25 mètres, également construits à la SICCNa en 1967 et 1968. Ces bateaux, nommés *Brakna* et *Assaba*, s'avèrent inadaptés pour la pêche africaine. Ils sont bientôt rachetés par l'ACAF, en 1969, et renommés *Men Brial* (nom d'un phare de l'île de Sein) et *Directeur Alloy* (nom d'un dirigeant du mouvement coopératif). La série comportait une 3e unité, le *Ar Gueveur*, repris un moment par l'ACAF. Le *Croix de Lorraine* offert à Saint-Pierre-et-Miquelon par la France en 1970 navigua également quelques temps pour l'ACAF. Ces deux chalutiers, ainsi que le *Directeur Terrin* (nom d'un autre dirigeant au sein du mouvement coopératif), ont la particularité d'avoir le portique arrière mobile mais pas d'enrouleur de chalut. Lors du virage du chalut, le portique bascule vers l'avant, ainsi que l'explique Claude Laurent, ancien capitaine de chalutiers de l'ACF : *« Au départ, sur le* Directeur Alloy *et le* Directeur Terrin, *il y avait un portique mobile qui permettait d'amener le chalut jusque sur l'arrière de la passerelle mais après il fallait quand même tirer le chalut d'un bord à l'autre comme on faisait un peu sur les classiques. Car ils n'avaient ni enrouleur, ni rampe. Il y avait des treuils pour les funes et un power-block dans le portique. On tirait la toile. C'était ingénieux. Cela facilitait les remontées de chalut. Mais par rapport à maintenant, cela restait quand même sommaire. C'était à la main que l'on faisait le travail. On coinçait la toile avec le ventre. S'il y avait un coup de roulis, pour empêcher qu'elle ne reparte, on mettait les pieds dessus et on coinçait ça sur la lisse. Et quand le bateau roulait trop et bien que l'on soit tous en train d'essayer de la tendre, la toile repartait. Ce n'était pas toujours évident… »* (entretien avec Philippe Malpertu, mai 2007).

Durant les années 1960 et 1970, Douarnenez verra le nombre de ses chalutiers se stabiliser à un peu plus de 30 unités semi-industrielles et artisanales. La moitié de ces bateaux arment également au thon notamment dans le Golfe de Gascogne. Les zones de pêche des grands chalutiers se situent dans les mers nordiques et en mer Celtique.

La série des chalutiers de 33 mètres de l'ACAF, construits entre 1965 et 1968 à la SICCNa de Saint-Malo

LE STIFF

(DZ 4115, DZ 185147, GV 185147, LO 185147, BA 185147)

Vers 1985, *Le Stiff* passe au quartier du Guilvinec toujours pour l'ACF. Il devient ensuite *L'Espoir du Marin*, à Lorient, jusqu'à la fin 1996. Début 1997, il redevient *Le Stiff* à Bayonne pour l'armement espagnol Bocarina. De chalutier, il a été refondu en fileyeur.

1. Photo Carlos Varela Fraguela, 2007

2. *Le Stiff* dans sa configuration d'origine, en chalutier latéral, durant sa période guilviniste. La photo comporte une énigme que les auteurs n'ont pas réussi à résoudre : alors que le chalutier devrait porter l'immatriculation GV 185147, on lit nettement GV 196537. Cette série de six chiffres correspond à un thonier artisanal concarnois, le *Racleur d'Océan* (CC 196537). Photo Jack daussy

1

2

1. *Le Stiff* lors d'une escale dans le port de Hendaye en 2006 sous son « gréement » de fileyeur. Il doit son nom à un phare de l'Île d'Ouesssant (photo Jean-Pierre Dupuy).

2. *L'Espoir du Marin* (ex-*Le Stiff*) en carénage à Lorient. Il reprendra ultérieurement son premier nom. C'est en 1983 que le chalutier a été équipé d'un portique arrière et que les potences latérales ont été délaissées (photo coll. part.).

1

2

TEVENNEC
(DZ 4100, DZ 185028, GV 185028, CC 185028, BA 185028)

Lancé en 1965 et sister-ship du *Stiff*, le *Tevennec* demeure quelques années à Douarnenez avant de partir au Guilvinec puis de retourner à Douarnenez. En 1991, il passe au quartier de Concarneau puis à celui de Bayonne en 1995. C'est resté un chalutier mais il avait été modernisé par l'ablation des potences latérales au profit d'un portique arrière avec enrouleurs de chalut et d'une nouvelle passerelle. Comme pour *Le Stiff*, ces travaux ont eu lieu en 1983 aux CNR de Courseulles-sur-Mer et au chantier naval Piriou à Concarneau.

1. Le *Tevennec* à Hendaye en 2007 (photo Jean-Pierre Dupuy).
2. Le *Tevennec* dans le port de Vigo (Galice, Espagne) en 2007. Son nom vient de celui d'un phare de la Mer d'Iroise (photo Angel Godar-Moreira).
3. Le *Tevennec* dans sa configuration d'origine de chalutier classique. La photo date de l'époque de l'ACAF (photo coll. ACF).

1

2

3

DIRECTEUR TERRIN (DZ 4127, CC 291431)

Le *Directeur Terrin* est le premier pêche arrière construit pour l'ACAF en 1966. Il ne comporte pas d'enrouleur de chalut mais le portique est mobile pour faciliter le virage du chalut lors de sa remontée à bord. Il deviendra *Abri du Large* pour l'armement Glâtre à Concarneau après plusieurs années passées à naviguer pour l'ACAF devenue ACF.

1. Le *Directeur Terrin* lors de son neuvage en 1966 (photo coll. ACF).

2. Renommé *Adhara*, l'ex-*Directeur Terrin* est sorti de flotte en 1993. Il sera démoli sur le terre-plein de Lorient en janvier 1996 (photo coll. part.).

1

2

DIRECTEUR ALLOY (DZ 4186, DZ 184993, LO 184993)

Le *Nohic* est l'ex-*Directeur Alloy*, nom d'un directeur des pêches. C'était un sister-ship du *Men Brial*, construit en 1968. Offert initialement par la France à la Mauritanie, il est baptisé *Assaba*. L'ACAF le rachète en 1969. Devenu *Sam* à la fin des années 1970 pour un armement d'Étel, il rejoint l'armement Le Goff à Lorient sous le nom de *Nohic* puis l'armement Jégo-Quéré en 1995, toujours à Lorient. Il sera exporté au Sénégal en 1999.

Le *Nohic* dans le port de Lorient dans les années 1990 (photos Bruno Quillivic et Christian Signor, Treizour).

MEN BRIAL (DZ 4190, CC 291662, LO 291662)

Le *Men Brial*, du nom d'un phare de l'Île de Sein, a été construit à la SICCNa de Saint-Malo, en 1967. Initialement prévu pour la Mauritanie, il se nommait *Brakna* et fut racheté par l'ACAF en 1969 et compte parmi les premiers chalutiers de pêche arrière. Quelques années plus tard, il partira à Concarneau pour l'armement Lancien puis à Lorient pour l'armement Le Goff. Passé à Lorient dans les années 1980, il sera sorti de flotte et exporté à Saint-Vincent et Grenadines en 1995. Il est ensuite immatriculé à Belize et où il sera renommé *Unpeco Uno*.

AR GUEVEUR (DZ 4195, CC 244165)

Arrivé en même temps que le *Men Brial* à Douarnenez, le *Ar Gueveur* (nom d'un phare de l'Île de Sein) a été construit en 1967. Il sera vendu à l'armement Simon Charlot de Concarneau, renommé *Tonton Pierre* et puis *Ancolie* par l'armement Nicot.

1. Le *Men Brial* devant la Ville Close de Concarneau durant sa période concarnoise (photo Jack Daussy).
2. *Ar Gueveur* (photo Henry Le Bruscq)

1

2

Deux bateaux construits ou armés par l'ACAF

CHRIST-MARIA (DZ 4178, DZ 184975)

1. Au début des années 1980, Douarnenez armait encore une flottille de thoniers à tangons et de chalutiers. Parmi eux, le *Christ-Maria* (en bleu, près du quai) construit en 1968 aux Chantiers de Cornouaille par l'ACAF (photo Philippe Malpertu, Douarnenez 1980).

NARVAL (DZ 4171, DZ 185092)

2. Le chalutier classique *Narval* va être mis à l'eau après une révision sur le slipway de Douarnenez en 1977. Construit en 1968 aux Chantiers de Cornouaille pour le compte de l'ACAF. L'été, il pêchait le thon. Longueur 18,19 mètres (photo Alain Malpertu).

Un autre chalutier semi-industriel de l'ACAF

CROIX DE LORRAINE (SPM 217, SPM 521702)

Offert par la France à Saint-Pierre-et-Miquelon, le *Croix de Lorraine* navigua durant un courte période pour l'ACAF. Construit en 1970 aux Ateliers et chantiers de la Manche à Dieppe. Longueur 46,55 mètres. Il partira à Saint-Pierre et Miquelon début 1973 (photos coll. Claude Laurent).

L'ACF, armement semi-industriel

En 1971, l'ACAF arme cinq chalutiers semi-industriels et devient l'ACF (Armement coopératif finistèrien). Le siège reste à Plouhinec, quai Jean Jadé, face à Audierne. Mais son président, Fanch Gloaguen, a d'autres ambitions pour la pêche dans la région du Cap Sizun. Cette nouvelle orientation va obliger l'ACF à mobiliser des capitaux importants. L'armement se lance dans la réalisation d'une série de dix chalutiers semi-industriels en acier de 38 mètres de long. Tous ne connaîtront pas la même histoire. La construction s'étalera de 1972 à 1975. Ce furent, par ordre de construction : *Président Calvez*, *Directeur Chatté*, *Castel Coz*, *Kereon*, *Trescadec*, *Trezien*, *Castel Meur*, *Pors Melen*, *Pors Piron* et *Pors Theolen*. Les deux premiers portent des noms de responsables du secteur coopératif, les autres des noms de lieux de la pointe de Bretagne. Pour des raisons de gestion, plusieurs de ces chalutiers seront officiellement armés par une filiale de l'ACF, les POB (Pêcheries Ouest Bretagne), créées en 1975.

Cette série de dix verra le jour aux CNR (Chantiers normands réunis) situés à Courseulles-sur-Mer dans le Calvados. Mais au fil des constructions, le chantier naval connaît de graves problèmes de gestion. Pour être certain de voir la construction de sa série de 38 mètres menée à terme, l'ACF va prendre des participations dans les CNR jusqu'à en devenir majoritaire. Si le chantier est spécialisé dans les chalutiers semi-industriels et les crevettiers, il construira également pour des armements d'autres ports, notamment Port-en-Bessin. Il cessera ses activités vers 1985. La SNCNR (Société nouvelle des Chantiers normands réunis) prendra la suite pendant quelques années.

Durant la construction de la série des 38 mètres, l'ACF reprend l'ancien chalutier de la SOGADO, le *Chenonceaux*, qui est immatriculé au Guilvinec tout comme le *Avel A Benn* de l'armement Javel-Halley. S'y ajoutera le *Commandant Levasseur*, un thonier de 23 mètres, construit en 1975.

L'ACF devient le premier armement de France à la pêche et conditionne pratiquement toute l'activité du port de Douarnenez. Il emploie près de 600 personnes, entre Audierne et Douarnenez, au sein de ses différentes activités (pêche, mareyage, transformation de produits de la mer). En 1972, il achète un cargo frigorifique d'occasion, construit aux Pays-Bas en 1961. Renommé *Pêcheur Breton*, il sera destiné à l'assistance auprès de la flottille thonière audiernaise lors des campagnes en Atlantique.

Au cours de la construction de la série des 38 mètres, l'ACF armera une courte période le *Gravignez* (chalutier de 43 mètres construit en 1974). L'année suivante, l'armement crée une nouvelle filiale nommée Les Pêcheries d'Armor, ayant son siège également à Plouhinec, tout comme les POB. Ce nouvel armement va faire construire trois sister-ships aux CMN (Chantiers mécaniques de Normandie) à Cherbourg. Ils seront terminés aux CNR de Courseulles-sur-Mer. Nommés *Gwen Drez*, *Kersiny* et *Loqueran*, ce sont des chalutiers de 24 mètres conçus pour des marées plus courtes et ciblant des espèces de poissons plus fines que les 38 mètres. Ces trois bateaux fréquenteront indifféremment Saint-Malo, Audierne ou Douarnenez.

En 1976, la SOGADO n'a plus que deux chalutiers hauturiers et l'armement Halley ne conserve que trois chalutiers semi-industriels ; renforçant par contrecoup la prépondérance de l'ACF sur le port de Douarnenez.

En 1984, sera construit le *Pors Ar Vag*, largement inspiré de la série des 38 mètres ; en quelque sorte, « le 11e de la série de 10 » ! Il remplace le *Castel Meur* accidenté sur le slipway de Douarnenez en 1976 et inutilisable. Un an plus tard, l'ACF fait mettre en chantier aux ACM (Ateliers et chantiers de la Manche) de Saint-Malo ses deux derniers chalutiers, eux aussi longs de 38 mètres, mais d'un type nouveau et résolument moderne. Ce seront les *Pors Tarz* et *Pors Poulhan*.

Les zones de pêche des chalutiers ACF s'étendaient d'Ouest Bretagne à Nord-Écosse, Mer Celtique et les espèces ciblées étaient la morue, le merlan, la limande, la lotte, l'églefin, le lieu noir et la julienne. Les marées duraient treize jours. L'ACF ne se contenta pas d'armer des bateaux, il s'inscrivit aussi dans l'aval de la filière pêche avec « ACF Marée » à Douarnenez et l'usine de conserves « Pêcheurs de France » à Plouhinec, au siège de l'ACF. Les produits étaient commercialisés sous la marque « Basset ». Au début de la décennie 1980, ce sont plus de 25 000 tonnes d'apports que la flottille ACF décharge et vend.

À bord des bateaux, les journées durent 18 heures. « Le poisson commande », selon l'expression en usage. Le chalutier partait de Douarnenez le lundi matin et commençait les premiers coups de chalut deux jours plus tard dans le Nord de l'Irlande. La pêche se déroule jour et nuit pendant neuf jours, les coups de chalut se suivent sans discontinuer. Entre deux virages, les matelots trient le poisson et le conditionnent ou se reposent un peu selon l'activité. Treize jours après son départ, c'est le retour au port, dans la journée du dimanche. La vente aura lieu le lendemain. Le nouveau départ se fera deux jours plus tard. Il arrivera que le bateau décharge et vende dans d'autres ports comme Fleetwood, Lorient, Boulogne, Concarneau ou au Danemark. Les congés sont pris par roulement de deux membres de l'équipage à chaque marée. L'effectif était donc de treize marins : onze en mer et deux en congé. *« Y avait des marées relativement calmes et on pouvait dormir 2 ou 3 heures par-ci par-là. Mais on a tous dans la tête des 48 heures sans dormir, 72 heures sans dormir. Mon record, j'étais devenu à moitié fou, c'est 5 jours sans dormir ! Alors quand je vois maintenant les 35 heures, ça me fait sourire tout doucement ! Nous, on faisait ça tous les 2 jours. Personne ne peut s'imaginer, personne n'a vu et vécu ça dans la réalité des faits. Nous, on se tait, parce que si on dit, on ne va pas nous croire. Mais on avait l'ambition. C'est vrai que des fois, on faisait de bonnes marées, de très très bonnes marées. Malheureusement, des fois, ce n'était pas ça ! Mais on bossait, on avait des équipages super-motivés, super-qualifiés et tout. J'ai commandé pendant 22 ans avec le même équipage. On se connaissait tous, on était jeune. C'est dire la qualité des équipages. »* (Joël Perrot, entretien cité).

Les difficultés commencent au milieu des années 1980 par la diminution de certaines espèces. Joël Perrot explique ce brusque changement : *« Pour moi, le gros phénomène, c'est en 1984 quand la ressource a chuté. Parce qu'avant, j'ai le souvenir de pêches miraculeuses, c'était complètement dingue, on pêchait, c'était fou ! On foutait du poisson à l'eau parce qu'on ne savait plus où le mettre. Il y avait des richesses extraordinaires. On a un petit peu fait n'importe quoi parce qu'on pêchait du poisson alors que l'on savait qu'on n'allait même pas le vendre. On a mangé le blé en herbe, ça s'est sûr. Et là, on a commencé à se dire qu'il fallait protéger la ressource, lever le pied. Qu'il fallait la gérer d'une autre façon. Qu'il fallait ne pas pêcher pendant que les poissons pondent. Qu'il fallait laisser le temps à tous ces petits poissons de grandir… »*
«… En 1984, tout d'un coup le cabillaud a disparu de Nord-Écosse. On continuait à pêcher du lieu noir, de la julienne, de la lotte… On pêchait toujours du cabillaud mais cela n'avait rien à voir avec avant. La dernière fois que j'ai fait un sacré coup, j'ai dû faire 14 tonnes de cabillaud dans le chalut. Il faut voir ce que c'était un bateau de 38 mètres avec 14 tonnes de cabillaud, c'est énorme. Après, quand on arrivait à faire 14 tonnes en 15 jours, on était content. C'est pour dire, tout d'un coup, ça a disparu. Est-ce que c'est le réchauffement des eaux ? Je ne sais pas trop car il y en avait toujours au Sud-Irlande alors qu'il n'y en avait plus au Nord-Écosse. Bref, on s'est mis à souffrir et c'est là qu'a commencé le processus du déclin. En 1985, c'était beaucoup plus difficile d'en ramener plein sa cale. Ca a été le début de la diminution de la ressource. Ca s'est confirmé en 1985, 1986, 1987… » (entretien cité).

Pourtant, en 1982, Joël Perrot avait esquissé des solutions : *«… .il fallait arrêter la moitié de la flottille par alternance pour rester à terre pendant le repos biologique c'est-à-dire quand les poissons pondent. Les poissons pondent tous à peu près à la même époque, entre le 15 février et le 15 mars. On avait dit : la moitié de la flottille arrête du 15 février au 1er mars. L'autre va en mer pour approvisionner le marché puis la partie qui a été à terre repart du 1er au 15 mars. Il n'y a que la moitié de la flottille qui est sur zone. Cela aurait été intelligent mais cela n'a jamais été fait. Pourtant, tous les patrons étaient d'accord avec moi mais quand il fallait sensibiliser au niveau national ou international… et puis maintenant, on reparle de plus en plus de repos biologique. »* (entretien cité). Dans d'autres

Ci-dessous à gauche, le *Pors Piron* (photo coll. ACF), à droite, *Pors Piron* à Lorient (photo Jacques Le Sager).

ports, c'est la même prise de conscience face aux chutes des captures. Une telle mesure n'aurait eu de sens et d'efficacité que dans le cadre d'un accord international visant à la fois à la préservation des ressources halieutiques et au maintien de l'emploi maritime.

D'autres facteurs vont aggraver la situation de l'armement. Le métier de la pêche est dur et dangereux, celui de la pêche semi-industrielle l'est encore plus. Les marées durent plus longtemps et affectent davantage les hommes. Le résultat est qu'il va devenir de plus en plus difficile de recruter des marins sur Douarnenez. Ils préféreront la pêche côtière ou la marine marchande. D'autant plus que les apports diminuant, la pêche rapporte moins avec pour conséquence une baisse des revenus. La hausse du prix du carburant accentue les difficultés de gestion.

« Quand la pêche s'est mise à se raréfier, on est parti sur des fonds plus difficiles. Alors, on travaillait encore plus. Le slogan "travailler plus pour gagner plus" nous, on l'a appliqué tout le temps mais à la fin cela devenait.... Malgré que l'on travaillait plus, ce n'était plus vrai. Donc les salaires ont diminué. Les gars sont partis quand ils trouvaient une échappatoire, par exemple à l'offshore. Il y a énormément de Douarnenistes qui sont partis à l'offshore parce que c'était des marins dans l'âme. Ils partaient sur des barges chercher du pétrole dans le Golfe du Mexique, le Golfe de Guinée ou en Arabie Saoudite. On a perdu plein de monde. » (Joël Perrot, entretien cité).

Devant des difficultés croissantes, l'ACF décide de se séparer de ses chalutiers et de ne garder que sa flottille de thoniers océaniques, constituée à partir de 1970. Ces thoniers sont immatriculés à Audierne. Pour éviter que les chalutiers ne soient vendus et ne partent à l'extérieur, risquant d'affaiblir davantage l'activité du port, l'interprofession et les pouvoirs publics locaux (Ville de Douarnenez) se mobilisent. La SCAD (Société coopérative d'armement douarneniste) est créée en 1991. Mais elle ne reprend pas toute la flottille chalutière de l'ACF.

DE L'ACF À LA SCAD

À la veille de la création de la SCAD, l'ACF armait 11 chalutiers semi-industriels. Plusieurs avaient déjà été vendus au cours des années précédentes (*Castel Coz*, *Directeur Alloy*, *Directeur Chatté*, *Directeur Terrin*, *Men Brial*). Le *Castel Meur*, désarmé en 1976 à la suite d'un accident sur le slipway du port, a été coulé en Baie de Douarnenez en 1984. Fin 1992, il n'en reste plus que six, et sous la SCAD, quatre en 1997.

Ci-desous, départ de Douarnenez du *Président Calvez*, le 8 septembre 1980. Il tenait son nom de celui d'un président du Crédit maritime. La photo a été prise après une grève qui dura 3 semaines (photo Claude Laurent).

Les *Pors Piron* et le *Pors Theolen* seront repris par deux anciens patrons-pêcheurs de l'armement lorientais Jégo-Quéré et partiront à Concarneau en 1992 puis à Lorient en 1995. Le *Trescadec* passera à Fécamp pour devenir le *Danaé* pour l'armement Leporc. Les *Pors Poulhan* et *Porz Tarz* partiront au Sénégal puis rapidement au Pérou en 1992. Les *Tevennec* et *Le Stiff*, après plusieurs quartiers, finissent à celui de Bayonne.

La nouvelle structure garde les mêmes méthodes de pêche sans que pour autant les résultats s'améliorent. Les problèmes demeurent; la diminution de la ressource se confirme et même s'amplifie. La 1ère Guerre du Golfe voit une envolée des prix du pétrole. Les bateaux, dont certains vont approcher les vingt ans, demandent des révisions plus lourdes et donc plus onéreuses. Malgré des efforts pour diversifier les zones de pêche, c'est surtout le lieu noir qui est au rendez-vous et en quantités insuffisantes. De plus, le prix du poisson sous criée à Douarnenez n'est pas du niveau de celui des criées de Concarneau ou Lorient. La rentabilité des bateaux est problématique. Cela n'empêche pas la SCAD d'armer, début 1994, deux chalutiers de 35 mètres de l'armement concarnois Goalabré, les *Agora* et *Dagmara*. Ils ne changent pas de nom. Moins de deux ans plus tard, le SCAD s'en sépare et les deux bateaux partiront au quartier de Bayonne. En 1997, devant les difficultés financières, elle est obligée de se séparer de sa flottille. Douarnenez ne pourra empêcher le départ de ses derniers chalutiers semi-industriels après 40 ans de présence… Les quatre chalutiers restants vont être rachetés par Intermarché, pour constituer l'armement Sparfel, grâce notamment à des aides publiques. Ce sont les *Kereon*, *Trezien*, *Pors Ar Vag* et *Pors Melen*. Par d'autres voies, ITM Entreprises finira par acquérir le *Pors Theolen*, rebaptisé *An Oriant*. Ce dernier se perdra tragiquement le 1er octobre 2000 au large des côtes irlandaises.

Les 7 chalutiers de 38 mètres pêche arrière non-repris par Intermarché, construits à Courseulles-sur-Mer de 1972 à 1975

CASTEL COZ (DZ 184572)

Construit en 1973, le *Castel Coz* poursuit une carrière de pêche au sein de l'ACF durant une douzaine d'années. C'est le 3e de la série des 38 mètres. Il sera vendu en Afrique en 1983. On le retrouve en 1987 à Libreville au Gabon, pour l'armement Even. Le bateau finira ses jours, la coque disloquée, le long des côtes d'Afrique du Sud.

Ci-dessous, le *Castel Coz* en carénage sur le slipway de Concarneau (photo Jack Daussy).

CASTEL MEUR (DZ 184926)

Construit en 1975 et 7e de la série, le *Castel Meur* ne connaîtra pas une longue carrière. Dès l'année suivante, le 18 juin 1976, il est victime d'un accident peu banal : alors qu'il doit être révisé sur le slipway de Douarnenez, durant la manœuvre de sortie du bassin, il ripe et tombe à l'eau sur le flanc tribord. Il restera ainsi trois semaines avant d'être renfloué par la société allemande Bugsier. Mais c'est fini pour lui. La coque a été faussée au niveau de la quille, le moteur est hors d'usage. Le chalutier ne sera plus navigable et il est amené dans l'avant-port, face à la baie. Il y demeurera jusqu'au 17 mai 1984 avant d'être coulé dans la baie de Douarnenez.

1. Le *Castel Coz*.
2. Le *Castel Meur*.
Photos Jack Daussy

PORS PIRON (DZ 184928, CC 184928, LO 184928)

Construit en 1975 et 9e de la série, le *Pors Piron* fut équipé d'origine d'un enrouleur de chalut. Il effectuera sa première marée en avril 1976. Vendu à un patron de l'Île de Groix au moment de la création de la SCAD, il est immatriculé en 1992 au quartier de Concarneau avant d'être basé à Lorient à partir de 1994, port d'où il pêche toujours en 2007. *« Le patron qui a racheté le* Pors Piron*, c'était un patron de 54 mètres, un ruban bleu, et qui s'est mis à faire un peu le même style qu'il faisait avec son 54 mètres. Il a marché très très fort. »* (Joël Perrot, entretien cité, mai 2007). Le patron était un ancien commandant de chalutier industriel de la série des 54 mètres B 423. Le bateau et son patron avaient la réputation d'être très « pêchants ». Son capitaine était originaire de l'Île de Groix. *« Il ramenait surtout beaucoup de lieus noirs et les commercialisait lui-même prouvant par là qu'il était capable de vendre sa pêche et de faire mieux que des armements industriels. Nous étions obligés de quitter cette pêche car nous n'avions pas de cours et c'était les Lorientais qui faisaient le marché sur le port de Douarnenez. »* (Claude Laurent).

Le chalutier été revendu à un armement espagnol en 2005 mais n'a pas changé d'immatriculation afin de pouvoir conserver ses quotas de pêche.

1. Photo coll. ACF
2. Le *Pors Piron* sous « gréement » lorientais (photo Philippe Moreau).
3. Le *Pors Piron*, immatriculé à Douarnenez, accosté devant l'armement Nicot à Concarneau au début des années 1990. L'armement Nicot sera racheté par Intermarché quelques années plus tard (photo Jack Daussy).

DIRECTEUR CHATTÉ (DZ 4239, DZ 185095)

Le *Directeur Chatté* doit son nom à celui d'un dirigeant du secteur du crédit coopératif. Lancé en 1973, c'est le 2e de la série des 38 mètres. Ces bateaux apportent une réelle amélioration pour la pêche. Leur puissance (de 1 200 cv à 1 600 cv selon l'année de construction) autorise, d'une part, un plus grand rayon d'action pour prospecter les zones de pêche et, d'autre part, de tracter de plus grands chaluts et par-là même d'avoir une plus grande capacité de pêche par marée (de l'ordre de 120 tonnes de vrac). C'est un chalutier de pêche arrière, procédé qui à l'époque, se généralise sur les grosses unités. Mais il n'est pas équipé d'enrouleurs de chalut. Le treuil enrouleur de bras est situé très à l'avant du bateau afin de tirer le chalut au maximum sur le pont. Le treuil de funes est disposé à l'arrière sur tous les navires, y compris sur les bateaux à enrouleur de chalut. La capacité sur le *Directeur Chatté* était de 2 000 mètres de câble. Il faudra attendre le Trezien, lancé en 1974, premier chalutier français à en être équipé, pour qu'un enrouleur intégral de chalut soit installé près du portique. (voir page 49). Le portique arrière, comprenant à son sommet un power-block, simplifie le virage du chalut et sa remontée à bord par rapport aux potences latérales qui rendaient la manœuvre extrêmement pénible pour les marins. Le métier demeure cependant difficile et dangereux.

1. Le *Directeur Chatté*, au cours de sa construction aux CNR (Chantiers normands réunis) de Courseulles-sur-Mer. Le chantier naval connaissant des difficultés, il finira par être racheté par l'ACF durant la construction de la série (photo Henri Vallat).
2. Le chalutier a été vendu fin 1985 à un armement de Dakar (Sénégal), photo Jack Daussy.

Les 2 photos page de droite, le *Directeur Chatté (*photos coll. ACF).

1

2

Dr CHATTE
DOUARNENEZ
DZ 4239

DZ 4239
Dr CHATTE

PORS THEOLEN ET AN ORIANT (DZ 184929, CC 184929, LO 184929)

Le *Pors Theolen*, tout comme le *Pors Melen*, seront immatriculés à Douarnenez mais travailleront à partir de Concarneau. Non repris par la SCAD en 1991, le *Pors Theolen* est racheté par un ancien patron de l'armement lorientais Jégo-Quéré. Il est immatriculé à Concarneau en 1991 puis à Lorient en 1995. Il est désarmé en 1998 puis vendu à l'armement Kéroman Pêche (associé à ITM Entreprises). En 1999, il est renommé *An Oriant* et en août 2000, il est racheté en totalité par ITM Entreprises. Le *An Oriant* n'a jamais fait partie de l'armement Sparfel.

1. Le *Pors Theolen* devant la criée de Concarneau.
2. Le *Pors Theolen* en cours de construction aux CNR (Chantiers normands réunis) de Courseulles-sur-Mer en 1976. C'est le dernier de la série des dix 38 mètres. Il est équipé d'un enrouleur de chalut.
3. Le *An Oriant* en escale à Concarneau. Il porte encore, gravé en relief son ancien nom *Pors Theolen*. Le 1er octobre 2000, le *An Oriant* coule au large des Côtes irlandaises. Sur les onze marins composant l'équipage, huit ne pourront être sauvés. Ce naufrage débouchera sur un procès en 2006.

Photos Jack Daussy

1

2

3

PRÉSIDENT CALVEZ (DZ 4238, DZ 185093)

Le *Président Calvez* est le 1er des chalutiers de la série des 38 mètres, construit en 1972. Comme le *Directeur Chatté*, il tient son nom d'un dirigeant du secteur du crédit coopératif.

1. Sur la photo, prise lors d'une révision du bateau sur le slipway de Douarnenez en 1981, on distingue très bien l'absence d'enrouleur de chalut et la rampe, servant au virage de ce dernier, décalée vers tribord. On s'aperçu vite que cela entraînait des difficultés en pêche et cette rampe sera installée dans l'axe du bateau dès la construction du 2e de la série des dix 38 mètres, le *Directeur Chatté*. Le treuil enrouleur de bras était placé très à l'avant pour tirer le chalut au maximum sur le pont du bateau (photo Philippe Malpertu).

2. Le *Président Calvez* en 1981 aux côtés du langoustier mauritanien *Rio Del Oro* (DZ 184992. sur le slipway de Douarnenez. Ces deux bateaux sont les symboles des pêches qui firent la réputation de Douarnenez à deux époques successives : la pêche à la langouste au large de la Mauritanie et du Rio del Oro et le chalutage semi-industriel en Atlantique Nord, des années 1950 à 1990 (photo Philippe Malpertu).

3. Le *Président Calvez* en cours de finition, accosté au quai du port de Courseulles-sur-Mer en 1972. Le chalutier a été vendu fin 1985 à un armement de Dakar (Sénégal). Photo Henri Vallat

1

2

3

TRESCADEC (DZ 184573, FC 184573)

Le *Trescadec*, construit en 1974, est le 4e de la série des 38 mètres. La rampe arrière est centrale. Initialement conçu sans enrouleur de chalut, il en fut équipé ultérieurement. En août 1988, le *Trescadec* est racheté par l'armement Leporc à Fécamp et renommé *Danaé*. Cinq ans plus tard, il est sorti de flotte nationale et exporté au Pérou où il réalisera d'excellentes pêches avant de faire naufrage.

Ci-dessous, le *Trescadec* manœuvrant dans le port de Douarnenez en 1982. Photos coll. ACF (1), Claude Laurent (2 & 3)

1

2

3

GRAVIGNEZ (DZ 184770)

Le nom de *Gravignez* vient d'un îlot de la Rivière d'Étel, dans le Morbihan, d'où était originaire son patron. Il a été construit en 1974 à la SICCNa de Saint-Malo. Longueur 43 mètres. Ce chalutier ne resta pas longtemps en flottille à l'ACF. C'est actuellement un navire de recherche britannique au nom de *Kommandor Iona* après s'être nommé *Lough Foyle* et *Frederick Russell*.

1. Le *Danaé* (ex-*Trescadec*) entrant dans le port de Fécamp (photo Jack Daussy).
2 & 3. Le *Gravignez* (photos John Meechan, 2006).

Les derniers chalutiers de l'ACF

En 1986, l'ACF décide de faire construire deux chalutiers identiques d'un type nouveau, les *Pors Poulhan* et *Porz Tarz*. Ce sont les ACM (Ateliers et chantiers de la Manche) à Saint-Malo qui sont choisis. Ces deux unités ont bien des atouts. Longs de 38,70 mètres pour une puissance de 1 600 ch, elles sont bien sûr équipées d'un portique arrière avec enrouleurs et d'une rampe centrale. Conçus pour rester pêcher sur zone, construits avec un double pont, ils sont prévus dès le départ pour conditionner la pêche en containers afin de s'intégrer aux nouvelles filières de débarquement et d'acheminement du poisson (selon le nouveau principe des bases avancées). Soit trois containers de 24 m³ stockés réfrigérés dans l'entrepont. Une petite usine est installée pour préparer le poisson. La sécurité a été repensée, non seulement grâce au double pont mais aussi par la présence de compartiments latéraux externes pour loger directement les panneaux de chalut en fin de virage. En effet, la réception des deux panneaux divergents, dont le poids peut dépasser une tonne chacun, est une manœuvre délicate et dangereuse d'autant plus que ces panneaux sont entreposés sur le pont. Ces deux nouveaux chalutiers apportaient une solution au problème grâce à un rangement plus sécurisé.

Cependant, on s'aperçoit rapidement qu'ils ne sont pas rentables et ils vont être revendus au bout de quelques années. Ils ne seront pas repris par la SCAD.

PORS POULHAN (DZ 639645)

Mis en service début 1987, le *Pors Poulhan* tient son nom d'un petit port de pêche de la Baie d'Audierne. Son allure compacte et ramassée tranche avec les formes de ces prédécesseurs à l'ACF. En 1992, pour un armement de Noirmoutier, le Groupe Adrien, le *Pors Poulhan* est immatriculé à Dakar (Sénégal) sous le nom de *Gaiciri*. En juin 1993, il est revendu au Pérou où il sera basé à Callao (port de Lima) et renommé *Isabel*.

Ci-dessous et page de gauche, le *Pors Poulhan* (photos coll. ACF).

PORS TARZ (DZ 639646, DAK 903)

Le *Pors Tarz* va connaître des débuts fracassants. Vers la fin de la construction, le chantier naval est paralysé par une grève, les ACM étant en redressement judiciaire. Redoutant le blocage du navire, l'ACF envoie plusieurs de ses marins prendre *« subrepticement et en toute discrétion »* livraison du *Pors Tarz*. Le chalutier est remorqué de Saint-Malo à Douarnenez où il arrive le 15 février 1987 tout rouillé, n'ayant pas encore eu le temps d'être peint ! Les finitions seront faites dans le port. Tout comme le *Pors Poulhan*, le *Pors Tarz* ne fera pas une longue carrière à l'ACF. Il partira à Dakar (Sénégal) début 1992 sous le nom d'*Adama* puis au Pérou, renommé *Ana Maria*.

Ci-dessous, le *Porz Tarz* (photos coll. ACF).

Cargo frigorifique et d'assistance de l'ACF

PÊCHEUR BRETON (AD 114908)

« *Le* Pêcheur Breton *était un cargo frigorifique acheté par l'ACF pour surveiller et assister les flottes de thoniers et pour éventuellement leur envoyer des secours médicaux, des vivres, du gasoil. Quand c'était l'été, il ne faisait que de l'assistance et ne ramenait pas la pêche. Ensuite, il était cargo frigorifique et ramenait la pêche des bateaux (thoniers senneurs) de Dakar et des Seychelles. C'était un bateau d'occasion qui avait aussi pêché la langouste aux Kerguelen. Il a fait un voyage, pêchant à partir de petits bateaux qu'il mettait à l'eau tous les matins…* » (Joël Perrot, entretien cité, mai 2007). Effectivement, *Pêcheur Breton* pêcha la langouste aux casiers en 1973-1974 dans les zones des îles Saint-Paul et Amsterdam. Il était équipé de sept embarcations propulsées par un moteur de 70 ch. Le cargo frigorifique, acquis d'occasion en Islande par l'ACF en 1972, sera revendu quelques années plus tard. Il avait été construit en 1961 par le chantier naval Schps De Hoop à Lobith (Pays-Bas). Baptisé *Echo* pour un armement de Rotterdam. Il devient *Lossafoos* en Islande en 1969. Il sera vendu en 1985 à la Compagnie Seychelloise de Transports Maritimes de Port Victoria aux Seychelles. Longueur 88 mètres.

Ci-dessous, *Pêcheur Breton* en révision sur le slipway de Concarneau en 1983 (photos Philippe Malpertu).

Les Pêcheries d'Armor

Ces trois chalutiers sisters-ships en acier, longs de 24 mètres de long ont été construits sur 1975 et 1976 aux CMN (Chantiers mécaniques de Normandie) à Cherbourg. Ils seront terminés aux CNR (Chantiers normands réunis) de Courseulles-sur-Mer. Ce ne sont pas des chalutiers semi-industriels mais des bateaux de pêche côtière ou hauturière conçus pour des marées plus courtes. Ils pêchaient essentiellement en Manche, recherchant merluchon, saint-pierre, dorade, encornet sur des marées de huit jours. Ils étaient souvent basés à Saint-Malo où deux d'entre eux finiront par être immatriculés. Cet armement n'a vécu qu'une petite dizaine d'années. *Gwen Drez* et *Kersiny* sont les noms de plages de Plouhinec, *Locquéran* est celui d'un quartier de la même commune, jouxtant Audierne. Le *Gwen Drez* et le *Kersiny* ont également été co-armés par l'ACF.

GWEN DREZ (AD 278970, GV 278970, BR 278970)

Ci-dessous, le *Gwen Drez* quitte le port d'Audierne vers 1975. Il passera au Guilvinec en 1981. Le bateau fait actuellement partie de la flottille de l'Ifremer (voir page de droite) et participe à des campagnes de recherches océanographiques depuis Concarneau (photo coll. ACF).

KERSINY
(AD 278969, GV 278969, SM 278969, LR 278969, BA 278969)

Le *Kersiny* passera au Guilvinec en 1981, puis à Saint-Malo quelque temps plus tard. Ce sera ensuite La Rochelle pour finalement arriver à Bayonne début 2005 où il pêchait toujours en 2007. C'est à La Rochelle qu'il a été transformé en fileyeur en 1999.

1. Le *Gwen Drez* « version » Ifremer (photo Jack Daussy).
2. Le *Kersiny* (photo Bruno Quillivic).
3. Le *Kersiny* immatriculé à La Rochelle et encore gréé en chalutier, va arriver en escale à Douarnenez (photo Christian Signor, Treizour).

1

2

3

LOCQUERAN (AD 278968, DZ 278968, SM 278968, MBA 39)

Le *Locqueran* connaîtra les quartiers d'Audierne, Douarnenez en 1981 et Saint-Malo. Le chalutier sera vendu en Afrique du Sud. En 1999, on le retrouve armé par Irving and Johnson depuis le port de Mossel Bay où il était immatriculé MBA 39. En 2007, il était toujours dans ce port, ayant conservé le nom qu'il avait au Pêcheries d'Armor.

1. Le *Locqueran* lors de son neuvage en 1976 (photo coll. ACF).
2. Le *Locqueran* accosté à Douarnenez (photo Jack Daussy).

1

2

Les *Agora* et *Dagmara*, chalutiers de l'ex-armement Goalabré repris par la SCAD

La SCAD fit un bref essai qui dura un an et demi, de mi-1994 au début 1996, avec ces deux chalutiers acier rachetés à l'armement concarnois Goalabré. Ces deux sister-ships, long de 34,76 mètres et construits au chantier naval Stocznia Ustka en Pologne en 1981, sont actuellement immatriculés à Bayonne pour l'armement Rochelaise de pêche. Ils ne changèrent pas de nom durant leur passage à Douarnenez.

AGORA (CC 545336, DZ 545336, BA 545336)

Ci-dessous, l'*Agora* aux couleurs de l'armement concarnois Goalabré. On distingue son sigle sur le flanc de la passerelle.

1. L'*Agora*, aux couleurs de la SCAD en 1995.
2. Tout comme le *Dagmara*, l'*Agora* est passé au quartier de Bayonne en 1996.
Ici, à quai, dans le port d'Hendaye.
Photos Bruno Quillivic

DAGMARA (CC 545011, DZ 545011, BA 545011)

1. Le *Dagmara* immatriculé à Bayonne.
2. Le *Dagmara* entre dans le port de Concarneau. Il porte encore les couleurs de l'armement Goalabré.
3. Le *Dagmara* aux couleurs de la SCAD quittant Concarneau en 1995.

Photos Bruno Quillivic

1

2

3

L'armement Sparfel

Début mai 1997, c'est la fin d'une époque, les derniers chalutiers semi-industriels douarnenistes quittent Le Rosmeur pour Concarneau afin d'être refondus et modernisés au chantier naval Piriou pour un coût estimé de 54 millions de francs. Ils y resteront plusieurs mois pour d'importants travaux : suppression des rampes arrière (mais elles avaient déjà été bouchées du temps de l'ACF, sauf pour le *Pors Ar Vag*), pose d'enrouleurs de chalut sur le portique, installation du système de caisses de bord, changement du moteur pour trois d'entre eux, pose d'hélices à pas variable (sauf pour le *Pors Ar Vag*). Arrivés à Kéroman (port de Lorient) au printemps 1998, ils auront changé de nom et seront immatriculés dans le quartier. Les *Kereon*, *Trezien*, *Pors Ar Vag* et *Pors Melen* deviennent les *Jean-Claude Coulon*, *Jean Leclerc*, *Mariette Le Roch* et *Jack Abry*. Ils doivent leurs noms à ceux de dirigeants et de fondateurs du groupe Intermarché ou de leur famille. Les chalutiers forment l'armement Sparfel (nom d'un oiseau marin) créé pour l'occasion. Ils navigueront et pêcheront jusqu'en 2006 pour certains d'entre eux. Actuellement, il ne reste plus que le *Mariette Le Roch* (ex-*Pors Ar Vag*) à l'avenir incertain – il est prévu au plan de sortie de flotte 2008. Les trois autres ont été vendus ou cassés.

Claude Laurent, qui commanda plusieurs de ces chalutiers sous les trois structures, raconte cette transition : « *Ils sont tous partis de Douarnenez les 10 et 12 mai 1997. J'ai été embauché chez Inter le 2 ou 3 janvier 1998. J'étais le seul. Les autres n'ont été embauchés qu'au mois de mars. Les bateaux ont été refondus, refaits, moteurs, cales. Il a fallu refaire toutes les cales de A à Z pour mettre des caisses de bord. Ils sont immobilisés à Concarneau au chantier naval (Piriou). Il y a juste le* Pors Ar Vag *qui était immobilisé depuis le 15 mars 1997 à Douarnenez. C'est pour ça qu'on le voit sur la photo qui part en remorque du* Pors Melen. *Quand je suis arrivé à terre pour la dernière fois le 15 mars, on n'a même pas eu le courage de nous dire que ce n'était pas la peine de penser à repartir en mer, qu'on n'y retournerait jamais sous les couleurs de Douarnenez parce que c'est fini. Non ! Ils n'auraient jamais réparé le bateau et pendant au moins un mois et demi, on nous a laissé là en train de se dire : "Oui mais non, on ne va pas vendre !" alors qu'en fait tout était déjà joué. On n'était même pas au courant. On s'est dit que pour refondre ces bateaux là, il allait falloir 8 mois, 10 mois. Je ne pense pas qu'ils avaient tablé si longtemps. Je suis sorti le premier avec le* Jean-Claude Coulon *en avril 1998. Ils n'ont pas changé tout de suite les noms vis-à-vis des douanes. Je me suis occupé de ça, il fallait y aller pas à pas, au niveau des CROSS, des n° de phonie. C'est assez lourd mais il y avait 10 mois pour effectuer les formalités de transfert* ». Lorsque les bateaux reprennent la mer, ils sont devenus Sparfel et portent un nouveau nom et de nouvelles couleurs (coque verte).

Ci-dessous, départ du *Jean-Claude Coulon* pour le quartier de Bayonne en 2006. Il n'avait pas été repeint aux nouvelles couleurs des bateaux de la Scapêche (photo Scapêche).

Cette flottille va utiliser une méthode de gestion de la pêche novatrice, même si elle n'en est pas à l'origine : le déchargement en base avancée. Le principe, inventé par l'armement Jégo-Quéré, lui aussi de Lorient, puis repris par l'armement

Ci-dessous, préparatifs de départ du *Pors Ar Vag* dans le port de Douarnenez en 1992. L'équipage s'affaire autour du chalutier. Visibles sur le quai, des provisions vont être chargées à bord (photo Claude Laurent).

Pétrel (groupe Intermarché) est de ne pas faire revenir un bateau à son port d'attache à l'issue d'une marée de pêche. Il débarque sur zone tous les 9 jours c'est-à-dire dans un port de Nord-Écosse, à Lochinver. D'autres ports écossais seront essayés comme Lochaline et Oban. Le poisson descend par la route jusqu'à Lorient à bord de poids-lourds de 38 tonnes. Les bateaux ne rentrent à leur base qu'une ou deux fois l'an pour la révision, l'entretien ou un éventuel problème. Cela nécessite la rotation des équipages qui font la navette entre Lorient et Lochinver par avion. Pour l'armement, l'avantage est loin d'être négligeable : les bateaux restent continuellement en pêche, une économie de carburant est réalisée et cela permet de réguler les apports à la criée de Lorient tout en raccourcissant les délais entre la pêche et la vente au consommateur.

L'utilisation des « bases avancées » est récente, depuis 1990, et se traduit par une rupture des traditions de pêche des marins bretons. Tant au niveau culturel qu'au niveau des conditions de travail, elle bouleverse les habitudes, engendrant interrogations et réticences. Une variante de déchargement en base avancée fut de transborder le poisson à bord d'un cargo frigorifique qui faisait la liaison entre Lorient et les zones de pêche, amenant équipage, matériel et vivres aux chalutiers à l'aller. L'opération se faisait dans une petite baie abritée de la mer en Nord-Écosse. Pour Intermarché, l'expérience tentée avec le fish-carrier *Pétrel* ne fut pas convaincante. Elle sera arrêtée au bout de quelques années au profit du camion frigorifique.

Les 3 chalutiers ACF de la série des 38 mètres construits au CNR, passés à la SCAD en 1991 et à Intermarché en 1997

KEREON – JEAN CLAUDE COULON – CUCA
(DZ 184574, LO 184574, BA 184574)

Le *Kéréon* doit son nom à un phare de l'Île d'Ouessant. C'est le 5e de la série, construit en 1974. Repris par la SCAD en 1991, puis par Intermarché en 1997, il est refondu au chantier naval Piriou à Concarneau. Immatriculé à Lorient, il est renommé *Jean-Claude Coulon*, du nom d'un des fondateurs du groupe Intermarché. Il commence une seconde carrière de pêche au printemps 1998. En 2006, il est vendu à un armement espagnol qui l'immatricule à Bayonne et le transforme en palangrier, lui donnant le nom de *Cuca*.

Ci-dessous, le *Kéréon*, qui doit son nom à un phare situé entre l'île d'Ouessant et le continent, passe en Baie de Douarnenez après une campagne de pêche, aux début des années 1990 (photo Christian Signor, Treizour).

1. Le *Kéréon* en 1990, aux couleurs ACF, dans le port de Douarnenez, au côté du chalutier camarétois *Arpège* (photo Jean-Louis Malpertu).
2. Le *Kéréon* aux couleurs de la SCAD dans le port de Concarneau en 1997, peu de temps au moment de son rachat par Intermarché. Dépourvu d'enrouleur de chalut à la construction, il en fut équipé par la suite, comme plusieurs autres chalutiers de la série, à l'époque de l'ACF (photo Bruno Quillivic).
3. Plus *Kéréon* et pas encore *Jean-Claude Coulon*. En cours de transformation, le chalutier de 38 mètres porte encore son ancien nom mais déjà sa nouvelle immatriculation. La photo date de début 1998 (photo Chritian Signor, Treizour).

1. Le *Jean-Claude Coulon* (ex-*Kéréon*) aux couleurs de l'armement Sparfel à Lorient en 1998, peu de temps après la refonte du chalutier au chantier naval Piriou à Concarneau (photo Bruno Quillivic).

2. Vendu par la Scapêche à un armement espagnol en 2006, le *Jean-Claude Coulon* (ex-*Kéréon*) est immatriculé à Bayonne et transformé en palangrier. Il est renommé *Cuca*. Bien qu'âgé de plus de 30 ans, le bateau a gardé fière allure. Avec le *Pors Piron*, ce sont les derniers existants encore de la série initiale des dix chalutiers de 38 mètres « ACF-CNR » et naviguant toujours sous flottille française. La photo date de décembre 2006 et a été prise dans le port de Riveira en Galice (Espagne), photo J.B. Muñiz.

PORS MELEN – JACK ABRY (DZ 184927, LO 184927)

Le *Pors Melen* est le 8e construit de la série des 38 mètres en 1975. Il prend le nom d'un site de la Baie de Douarnenez. Repris par la SCAD en 1991, il est racheté par Intermarché en 1997. Le 13 mai de cette année, il quitte le port du Rosmeur (Douarnenez) en tirant le *Pors Ar Vag*. Ils vont au chantier naval Piriou à Concarneau afin d'être modernisés.

1. Le *Pors Melen*, tout comme le *Pors Theolen*, étaient immatriculés à Douarnenez mais travaillaient à partir du port de Concarneau. La photo le montre sur le slipway de Douarnenez en 1982, juste avant une révision. Il est aux couleurs de l'ACF dont on distingue le sigle en rouge (photo Philippe Malpertu).
2. Le *Pors Melen*, aux couleurs de la SCAD dans le port de Concarneau en 1995 (photo Bruno Quillivic).
3. Entre *Pors Melen* et *Jack Abry*, le chalutier est en cours de rénovation sur le slipway du port de Concarneau entre 1997 et 1998 (photo Christian Signor, Treizour).

1

2

1. Le *Jack Abry* à Concarneau en 2002. En mars 1998, le *Pors Melen* est renommé *Jack Abry* et peint aux couleurs de la Sparfel. On remarque au passage que c'est le vert qui domine sur les bateaux de pêche industrielle lorientais ; Douarnenez préférant les teintes grisées ou bleutées (photo Bruno Quillivic).

2. Le 3 octobre 2006, le *Jack Abry*, ex-*Pors Melen*, remorqué par le *Jean Leclerc*, sort du port de Lorient. Les deux chalutiers partent pour un chantier de démolition navale, le chantier de recyclage Van Wyntin à Gand en Belgique (photo Scapêche).

1

2

TREZIEN – JEAN LECLERC (DZ 184575, LO 184575)

Le *Trezien*, construit en 1974, est le 6e de la série des 38 mètres. Lancé en 1974, il apporte une innovation qui va connaître un grand succès. Un enrouleur intégral de chalut est installé près du portique. C'est le 1er chalutier français à en être équipé. Joël Perrot, qui commanda le navire, participa à la mise au point du système. La manœuvre de virage du chalut s'en trouva simplifiée ; gain de temps, d'effort et de sécurité pour l'équipage. Auparavant, sur les premiers chalutiers de pêche arrière, le chalut était tiré à bord grâce à des treuils et un power-block mais la manœuvre nécessitait un effort accru des marins même si cela représentait une amélioration par rapport au chalutage latéral.

1. Le *Trezien* sous les couleurs de la SCAD en 1995. On distingue bien les enrouleurs de chalut situés dans l'axe du portique arrière. Les chalutiers Sparfel pêchaient les espèces de grand fond (grenadier, sabre, empereur, etc.) en Atlantique-Nord. Ils débarquaient en base avancée à Lochinver (Écosse) tous les 9 jours. Le poisson était ramené sur Lorient par camion (photo Bruno Quillivic).
2. Nous sommes en 1997. Sur le slipway de Concarneau, le *Trezien* est en train de recevoir ses nouvelles couleurs de l'armement Sparfel. Immatriculé à Lorient, il va bientôt rejoindre ce port. Les superstructures (portique, mat, passerelle) portent encore le bleu clair de la SCAD. Sur la passerelle, on peut lire son ancien nom : *Trezien*. Il sera bientôt renommé *Jean Leclerc* (photo Christian Signor, Treizour).
3. Comme les trois autres chalutiers de la SCAD repris par Intermarché pour former l'armement Sparfel, le *Trezien* part à Concarneau en 1997. Quelques mois plus tard, à l'issue des travaux, il est renommé *Jean Leclerc*. On le voit ici au début des années 2000, peint aux couleurs Sparfel, dans la baie de Douarnenez (photo Christian Signor, Treizour).
4. Le *Jean Leclerc*, ex-*Trezien*, fut le seul chalutier de la série des 38 mètres construits aux CNR à avoir été peint aux couleurs de la Scapêche, société de pêche Intermarché qui réunit tous les autres armements du groupe à partir de 2005. Il fut endeuillé par un drame en janvier 2006. Un membre de l'équipage décéda accidentellement lors d'une marée de pêche au large de l'Écosse. Tout comme le *Jack Abry* (ex-*Pors Melen*), le *Jean Leclerc* a été cassé au chantier de démolition navale et de recyclage Van Wyntin à Gand en Belgique en 2006 (photo Philippe Malpertu).

1. Le chalutier *Trezien* lors de sa construction au CNR (Chantiers navals réunis) de Courseulles-sur-Mer en 1974 (photo Jack Daussy).

2. Le *Trezien* devant le slipway de Douarnenez dans les années 1970 (photo coll. ACF).

Le 4e chalutier passé de la SCAD à l'armement Sparfel en 1997 : le *Pors Ar Vag* (*Mariette Le Roch*), un chalutier semi-industriel

Le *Pors Ar Vag* (« Abri du Bateau » en breton) est le 4e chalutier de 38 mètres, repris par Intermarché en 1997 pour former l'armement Sparfel, lors du rachat de la flottille de la SCAD. On a dit de lui que c'était le 11e de la série des 10 tant il en est proche, bien que lancé près de dix ans après, en 1984. La coque a été construite aux Ateliers et chantiers de la Manche à Dieppe et les finitions réalisées aux CNR de Courseulles-sur-Mer. Cependant, il diffère des autres de la série par des points notables : moteur différent, portique arrière nettement plus triangulé, longueur de 37,70 mètres au lieu de 38,80, largeur de 9 mètres au lieu de 8,10. Il fut commandé à neuf par Joël Perrot puis par Claude Laurent. Après 23 ans de service, sa sortie de flotte était programmée pour 2008.

Comme les trois autres anciens chalutiers de la SCAD, le *Pors Ar Vag* est emmené au chantier naval Piriou pour y être modernisé de mai 1997 à avril 1998. À la différence près qu'il conserve la rampe arrière et, comme c'est le plus récent, il garde le moteur d'origine, un Crépelle. Arrivé à Lorient, il se nomme *Mariette Le Roch* (des prénom et nom de la mère du fondateur du groupe Intermarché) et fait désormais partie de l'armement Sparfel. Il a quitté sa livrée bleue « SCAD » pour le vert « lorientais » des bateaux Intermarché. En 2005, lors de la réunion de tous les armements du groupe au sein de la Scapêche, il sera peint en bleu et rouge foncés comme toutes les flottilles Intermarché.

En avril 1998, le *Mariette le Roch* débute donc une nouvelle carrière. Quelques marins douarnenistes ont suivi au début mais rapidement, ce sont les Lorientais qui sont majoritaires au sein des équipages. L'équipage est composé de dix marins embarqués : le capitaine, le second (ou lieutenant), le chef mécanicien et le second mécanicien, le bosco, le cuisinier et les matelots.

La nouvelle procédure de pêche des bases avancées va être utilisée. Alors qu'au début, les chalutiers de 54 mètres de l'armement Pétrel déchargeaient sur zone avec le cargo frigorifique nommé lui aussi Pétrel, les Sparfel eux débarquent dans un port écossais. Des essais sont réalisés à Lochaline et à Oban sur la côte ouest de l'Écosse. Mais des problèmes avec des riverains, notamment en raison du bruit des bateaux, obligent à choisir un autre port. Ce sera Lochinver, plus au Nord.

Le *Mariette Le Roch* y décharge des caisses de bord à l'issue de la marée. Il lui faut peu de temps. Les 45 tonnes de poisson conditionné en caisses sont déchargées en trois heures et demi alors que sous la SCAD, il fallait 48 heures avec, il est vrai, 120 à 150 tonnes de poisson en vrac. Une palette est descendue dans la cale, l'équipage pose sept caisses l'une sur l'autre. La palette est virée avec la grue de manutention du chalutier, puis posée juste derrière le camion sur le quai et un transpalette la transborde directement dans la remorque frigorifique. Le camion repart sur Lorient où il arrivera au bout de 36 heures. La pêche, plus fraîche que si elle avait été amenée par bateau, sera vendue sous criée.

Les espèces pêchées sont celles de grands fonds (sabre, grenadier), de mi-creux (lotte, lingue bleue, mostelle, merlu) et de hauteur (lieu noir, merluchon, églefin). Pour réguler les apports afin de ne pas faire chuter les prix, il était convenu que l'arrivée du poisson à Lorient (par cargo puis par camion pour les chalutiers Pétrel, camion pour les Sparfel) serait étalée régulièrement dans le temps. Les zones de pêche sont réparties sur l'Atlantique Nord, Îles Hébrides et Shetland.

Cette technique de pêche, avec des bateaux continuellement sur zone, nécessite la rotation des équipages. Sur le *Mariette Le Roch*, comme sur les autres « Sparfel » et « Pétrel », la relève se fait par tiers tous les huit jours. L'équipage est composé de 14 marins dont 10 en permanence à bord (19 marins dont 14 à bord des 54 mètres Pétrel). Le départ aérien s'effectue à partir d'Inverness, ville d'Écosse disposant d'un aéroport. Un avion affrété atterrit et neuf marins débarquent, prennent le bus pour Lochinver, distant de 160 km, où les attendent les chalutiers. En effet, un « Pétrel » débarque toujours avec un « Sparfel ». Il y a donc la relève de deux bateaux simultanément. L'avion décolle avec les neuf autres marins venus de Lochinver avec le bus à l'aller. C'est à leur tour de partir huit jours en repos. Chaque équipage est attitré à un bateau, bien qu'au début de l'armement Sparfel fut testée la rotation des équipages sans chalutier attitré. Il fut également essayé la méthode de cinq équipages pour quatre bateaux mais cela ne dura que quelques mois. Les bateaux ne rentrent sur Lorient qu'une ou deux fois par an pour l'entretien.

LA PÊCHE DANS LES GRANDS FONDS PAR CLAUDE LAURENT, COMMANDANT DU *PORS AR VAG – MARIETTE LE ROCH* DURANT 15 ANS

Claude Laurent a commandé des chalutiers semi-industriels sous les trois structures : ACF, SCAD et Sparfel, à Douarnenez et à Lorient. Il a terminé sa carrière en 2006 comme capitaine d'armement de la Scapêche. Après des débuts sur des armements industriels fécampois et malouins, il entre à l'ACF comme matelot sur le *Directeur Alloy* en 1972. Les deux années suivantes, il sera lieutenant sur cinq chalutiers de l'armement dans le cadre des rotations d'équipage et passera le brevet de patron. De 1976 à 1981, il commande le *Pors Piron* pour des remplacements du patron puis le *Trescadec* jusqu'en 1987. Enfin, jusqu'en 2001, il prendra la direction du *Pors Ar Vag*, devenu *Mariette le Roch* en 1998. Il livre ici de façon vivante, et avec un certain recul, ce qu'était la pêche dans les grands fonds avec ce type de chalutiers dans les années 1970 et 1980.

« Il faut savoir qu'à l'origine, de mi-mars jusqu'à fin avril, on pêchait de la lingue bleue (julienne). C'était surtout le fait des Lorientais. Ils la pêchaient avec des chalutiers classiques, des gros 60 mètres classiques. Donc ils travaillaient le long des accores de fond au large de l'Irlande et remontaient toute l'Écosse. En général, ils ne revenaient jamais sur un coup de chalut. Cap au Nord ! Cap au Nord ! Ces bateaux là travaillaient sur des fonds de 700 mètres. Et puis, les premiers pêche arrière sont arrivés, dont la série des 54 mètres qui sera rachetée par Intermarché, chez Lucas, chez Jégo-Quéré. Donc, ces bateaux avaient une autre force motrice que nous, c'était des 2 000 cv et ils travaillaient la lingue bleue jusqu'à 900 mètres de fond. Évidemment, à ces profondeurs, le poisson n'était pas chatouillé et la lingue montait, montait jusqu'à ce que quelqu'un commence à la pêcher. Elle ne montait pas plus haut. L'accore de l'Écosse, il va comme ça : Nord-Sud jusqu'à la moitié des Hébrides et après il vient Nord-Est/Sud-Ouest. On pêchait jusqu'à 900 mètres et au fur et à mesure que ça bifurquait pour aller vers le Nord-Est, le poisson revenait plus près mais le plateau continental n'est plus le même. Par exemple, pour aller de 500 à 1 000 mètres il faut 10 mn tandis que lorsqu'on arrive Nord-Est plus haut, il faut 2 heures ou 1 h 30 mn pour aller de 500 à 1 000 mètres. Les accores s'élargissent.

On arrivait à trouver de la lingue bleue à partir de 500 mètres. Il faut savoir que la première série des 38 mètres, les 4 premiers, Kéréon *compris, tous ces bateaux n'avaient pas d'enrouleurs de chalut, seulement un treuil hydraulique pour les funes. On allait jusqu'à 300 mètres, 400 mètres et puis c'était grand maximum. Après, l'huile chauffait quand on revirait le chalut. Les bateaux étaient prévus pour faire cette pêche-là et pas plus. Mais on voyait des bateaux qui passaient à côté de nous dans la partie sud. On voyait presque le nom à la jumelle. On s'est dit aussi quand la pêche commençait à diminuer : « Pourquoi qu'on n'irait pas un peu plus loin ? ». Alors là, ça a été une hécatombe avec les premiers bateaux. Parce qu'on descendait – pas de problème, on filait un peu de câble – et on allait comme ça jusqu'à 500 ou 550 mètres. Mais le* Kéréon*, je me rappelle, quand il s'agissait de remonter le chalut, il ne pouvait plus. C'était les treuils qui explosaient ! Tous les circuits hydrauliques ! Ouais ! Alors, il a fallu changer les moteurs. Le fabricant des moteurs de treuils s'arrachait les cheveux ! « C'est pas possible ». Il ne comprenait pas. « Mais comment ça se fait que ça chauffe comme ça ? ». On ne sait pas, ça chauffe ! Après, certains patrons, dont celui du* Kéréon*, se sont dits « Ce serait bien de pêcher de la limande », parce que la limande était très recherchée, c'était le poisson noble ça, la cardine. Alors là, on passait déjà à une gamme au-dessus. Donc en fin de coup de chalut, quand il est arrivé à 550 mètres, au fur et à mesure, il remontait à 460* *ou 480 mètres. Il virait un peu de câble, il laissait refroidir pendant une demi-heure, il remontait jusqu'à 400 mètres et il laissait refroidir pour pouvoir remonter par palier afin de soulager le treuil en utilisation limite. Il ne pouvait pas faire autrement sinon c'est le treuil qui sautait.*

Lorsque le Trézien *a été lancé en 1974, il était équipé de treuils électriques. C'était le premier à avoir un moteur électrique et également le premier à être pourvu d'un enrouleur de chalut. À partir de mars 1975, le bateau avait trois mois, on a fait deux mois aux Shetlands et on est arrivé à la saison dans l'Ouest Écosse. Nous là, avec Joël Perrot, on est parti directement à 550 mètres. Ha ! Et puis les autres, ils tiraient la langue. On virait une tonne de limandes, on n'avait jamais vu ça. Mais après, très rapidement, on est descendu jusqu'à 720 mètres. Alors là, on a fait des coups, on pêchait du merlu, de la limande. C'est là qu'on s'est dit : « les Lorientais, déjà ils pêchaient ça à l'époque avec des classiques ! ». Ils ne disaient rien. Eux, ils laissaient bien reposer les fonds parce qu'ils n'étaient pas très nombreux, les classiques. Par exemple, un chalutier pêchait 200 caisses de lieu noir cap au Nord, le soir à 10 heures le patron allait se coucher, l'équipage virait le matériel et ils faisaient route toute la nuit pour se retrouver le lendemain au point Sud où ils étaient la veille.*

Les Lorientais appelaient ça les accores des fonds, ça descendait. Nous nous sommes dits qu'il y avait des choses à faire. Avec le Trézien*, on est parti et là on a fait des carnages de limandes. La première fois qu'on est arrivé en mars 1975, on a vendu le lendemain du lundi de Pâques, le mardi, on avait 600 caisses de limande alors qu'avant, lorsqu'on rentrait avec 150 caisses, c'était déjà bien. 180 caisses, c'était exceptionnel. Mais 600 caisses en 3 jours, on n'est pas resté dessus parce qu'autrement c'est avec 1 000 caisses de limandes que nous serions rentrés. C'est inimaginable !*

Avec les treuils électriques, on n'avait pas de souci. Donc on a été jusqu'à 900 mètres pour trouver de la lingue. Le problème à l'époque, c'est qu'on ne savait pas si les boules du chalut allaient résister à la pression. On s'est aperçu très vite lorsqu'on a viré le chalut à 950 mètres de fond, il n'y avait plus aucune boule, tout avait explosé ! On travaillait sur des fonds de 400 mètres et en l'espace de 15 jours, on est passé à 900 mètres. Ca n'a pas fait un pli. Il a fallu qu'on achète des boules spéciales grands fonds qui allaient jusqu'à 1 200 mètres. Ces boules norvégiennes étaient données pour 1 200 mètres lorsqu'elles étaient neuves et qu'elles ne s'étaient jamais entrechoquées. Mais lorsqu'elles passaient sur les enrouleurs, elles étaient fragilisées. On arrivait à les utiliser jusqu'à 900 ou 1 000 mètres.

Pour vous donner un aperçu, on pêchait en 14 jours avec nos bateaux jusqu'à 800 ou 1 000 caisses, c'est-à-dire 45 tonnes de poisson. Très rapidement, à force de tirer sur le poisson des hauteurs, il est parti et il a fallu se rabattre vers le creux, les grandes profondeurs. Les premiers coups de chalut dans le creux ont commencé en 1975 puis très rapidement, en l'espace de deux ou trois ans, on est descendu couramment à 900 ou 1 000 mètres. Alors au début, on pêchait sabres et grenadiers en quantités. Le sabre, dans les 700 mètres, on en était envahi. Il y en avait un dans chaque maille du chalut, parce que le maillage était plus petit que maintenant, donc tous les sabres maillaient ! Ca disparaît assez vite le sabre, dès qu'il était trop chatouillé, hop ! Il devait décoller du fond et on n'en pêchait plus. Nous avions des chaluts qui ouvraient à trois mètres en hauteur pour une ouverture latérale de 50 ou 60 mètres. Le sabre se surélevait et on ne pêchait plus que des élingues. Le chalut passait en dessous des sabres. C'est un phénomène dont on a pris conscience à la longue et cela a été confirmé par les bateaux neufs. Le merlu, merluchon, toute cette série de poisson, réagissent de la même manière.

Le chalutage dans les grands fonds n'est pas sans risque. Un bateau qui chalute avec force 10 à des fonds jusqu'à 1 500 mètres, c'est au patron d'évaluer le risque. Il faut se dire que quoiqu'il arrive, avec force 10, il va lui falloir 1 heure ou 1 h 30 pour remonter le chalut. Alors, il a le temps d'avoir des problèmes. Avant, sur des fonds plus hauts, quand on avait force 10, il fallait 10 ou 15 minutes pour remonter le chalut. Si un coup de tabac arrive et que l'on se fie au baromètre, on sait que dans 10 minutes, le chalut sera à bord. Mais lorsqu'il faut 1 h 30, il y a le temps de se passer des choses. Alors, il y a des bateaux qui sont restés avec leur train de pêche 12 heures comme ça, 18 heures sans pouvoir remonter leur chalut. Ils ont été obligés de le laisser traîner sur le fond.

Le *Pors Ar Vag* en escale dans le port d'Ullapool (Écosse) en avril 1988. *« Il ne restait plus de glace à bord et nous sommes venus faire un complément. La pêche était bonne car on ne voyait plus l'enduit de couleur rouille à l'étrave. Je pense nous avions au moins 70 tonnes en cale. »* (Claude Laurent, photo Claude Laurent)

Au début, lorsque nous sommes allés pêcher vers les grandes profondeurs, nous allions également à 800 mètres parce qu'il y avait pas mal de lottes. C'était quand même les fonds où nous avions tendance à travailler. Quand on entendait la météo qui annonçait force 8 à 9, nous n'allions pas dans les grands fonds. Filer est toujours possible mais quand il faut remonter le chalut, si on casse un câble, un seul câble, pas deux, à 800 mètres de fond où on a environ 2 000 à 2 100 mètres de câble déroulé de chaque côté, on ne remontera pas le matériel comme ça. On n'a d'ailleurs pratiquement plus beaucoup de chance de le remonter sur un seul câble. À 1 000 mètres, on file 2 400 mètres en gros, après plus on va profond et moins on file. Il y a plein de choses qui entrent en ligne de compte. En filant moins de câble, on a tendance à avoir moins d'avaries, à moins crocher sur le fond. On ralentit un petit peu la vitesse pour que le chalut soit bien assis. Tandis qu'avant, on gardait toujours les mêmes vitesses et on avait tendance à aller trop vite. Qui dit trop vite, dit décoller le chalut. Pour ne pas décoller le chalut, on filait plus de câble et puis après c'est un cercle vicieux. Maintenant, avec la nouvelle génération de bateaux, avec l'électronique embarquée, avec les capteurs, il y a la possibilité de régler plus finement le train de pêche. »

(Entretien avec Philippe Malpertu, mai 2007).

PORS AR VAG – MARIETTE LE ROCH
(DZ 639524, LO 639524)

1. Essais de traction pour le *Pors Ar Vag* dans le port de Dieppe en 1984. Le bateau est flambant neuf. Ses bobines de treuil pouvaient contenir 3 300 mètres de câble. Au neuvage, il n'y avait qu'un seul enrouleur derrière la passerelle, le deuxième à été ajouté en juin 1991 au chantier naval Piriou à Concarneau (photo coll. ACF).
2. Le *Pors Ar Vag* est flambant neuf. On distingue sept membres d'équipage. Le chalutier est aux couleurs ACF (photo coll. ACF)
3. Le *Pors Ar Vag* aux couleurs de la SCAD en 1996 dans le port de Concarneau (photo Bruno Quivillic).

1

2

3

1. *Mariette Le Roch*, ex-*Pors Ar Vag*, détail (photo Philippe Malpertu).
2. Le *Mariette Le Roch* est le seul des chalutiers Sparfel a avoir les enrouleurs de chalut placés l'un derrière l'autre. La photo le montre bien. Les deux enrouleurs de câbles sont à bâbord et tribord arrière (photo Philippe Madiot).
3 & 4. *Mariette Le Roch*, détails (photo Philippe Madiot).

1. Le *Mariette Le Roch*, ex-*Pors Ar Vag*, aux couleurs Sparfel, à Lochinver en 2005. Le port écossais servait de base avancée aux chalutiers de l'armement (photo Claude Laurent).

2. *Le Mariette Le Roch* aux couleurs Scapêche en 2006 au large de Stornoway (Écosse), photo Claude Laurent.

3. *Mariette Le Roch* à Lorient (photo Philippe Madiot).

L'adieu à Douarnenez – 12 mai 1997

C'est la fin d'une époque pour Douarnenez, celle du chalutage semi-industriel qui a dominé l'activité du port durant trente ans. Sur le quai désert, un homme regarde partir les bateaux. Que pense-t-il ? Se remémore-t-il l'ambiance et l'animation du port seulement quelques années auparavant ?
Le *Pors Melen* prend en remorque le *Pors Ar Vag*. Ce dernier était déjà immobilisé depuis plusieurs mois à la suite d'avaries moteur. Les *Kereon* et *Trezien* les ont précédés. Ils partent au chantier naval Piriou de Concarneau pour y être refondus. Ils rejoindront Lorient au printemps 1998, avec un nouveau nom.

Il est difficile de dire ce qu'il reste de l'ACF à Douarnenez, si ce n'est un formidable souvenir de l'activité intense que le port connut durant plusieurs décennies. Les chalutiers industriels sont partis mais une flottille de pêche côtière est toujours active ainsi qu'à Tréboul, autre port de la commune. À Poulgoazec, en face d'Audierne, il y a peu de temps encore, on pouvait lire l'inscription « Armement coopératif finistérien » sur la façade de l'usine désaffectée. Elle a été repeinte ces derniers mois, emportant un des derniers souvenirs de cette aventure. Douarnenez a fortement développé des activités autour du patrimoine maritime (musée du Bateau à Port Rhu, bassin à flot sur la rivière de Pouldavid, rassemblements réguliers de navires anciens) et de l'accueil de la plaisance. Enfin, il demeure un important port de débarquement et d'entretien où l'on peut voir régulièrement des unités de pêche irlandaises ou espagnoles. Et il est toujours aussi agréable de se promener sur les quais du Rosmeur.

Photo Claude Laurent

L'ACF et la Comasud

Conjointement au développement de sa flottille chalutière, l'ACF va se lancer avec succès dans l'aventure de la pêche au thon tropical au large de l'Afrique de l'Ouest, de l'Île Maurice et des Îles Seychelles dans l'Océan Indien. Plusieurs thoniers senneurs océaniques verront le jour. Ainsi, de 1970 à 1982, les *Armen*, *Cap Sizun*, *Île de Sein*, *Île Tristan*, *Président Lacour* et *Santa-Maria*. Tous ne seront pas issus du même chantier naval. Deux autres thoniers ont été armés durant une période, par l'ACF (*Béniguet*) et par l'ACAF (*Vendôme*). La zone de pêche s'étendait des îles Maldives à la Somalie et du Mozambique aux îles Chagos dans les eaux internationales. Le thonier senneur effectuait des marées d'une durée de 45 jours. Cette pêche thonière contribuera fortement aux résultats de l'armement.

Après s'être séparé de ses chalutiers, l'ACF a maintenu une partie de flottille de thoniers senneurs océaniques durant quelques années. En septembre 1999, il cède les trois derniers qui lui restent à Intermarché. Ils garderont leur nom et formeront l'armement Comasud (Compagnie maritime du Sud, société fondée en 1995). Ils resteront immatriculés à Audierne. Ce sont les *Armen*, *Île Tristan* et *Santa-Maria*. La capacité de pêche des trois senneurs est estimée à 12 000 tonnes de thon congelé. Les zones de pêche restent les mêmes après des essais infructueux en Méditerranée. Le siège de la Comasud restera à Plouhinec jusqu'en 2004.

Les trois autres thoniers de la flottille ACF sont exportés. Le *Cap Sizun* est parti au Ghana, devenant l'*Alamo*. L'*Île de Sein* passe aux Philippines sous le nom de *Phoenix*. Le *Président Lacour* devient l'*Aïda* au Sénégal.

Cinq ans après, Intermarché arrête l'expérience du thon océanique au large de l'Afrique équatoriale. Les *Armen* et *Île Tristan* sont cassés respectivement à Gand (Belgique) et à Cadix (Espagne). Seul reste le *Santa-Maria*, immatriculé à Concarneau. Il est repris par les officiers de la Comasud au travers d'une nouvelle société, la Sofilab.

L'ACF exploita également depuis l'Île Maurice, par le biais d'une participation au sein d'une société de pêche, le thonier *Lady Sushil*. Long de 56 mètres et construit en 1979 au Japon, il sera sorti de flotte en 2000, n'ayant jamais fait partie des flottilles Intermarché.

1. L'*Armen* (photo coll. ACF).
2. Le *Santa-Maria* (photo Philippe Malpertu).

1

2

Les thoniers senneurs océaniques de l'ACF

L'ACF arma une flottille de six thoniers senneurs océaniques à coque en acier, dont trois formeront l'armement Comasud en 1999, lors du rachat des bateaux par Intermarché. Ils prospecteront des zones au large de l'Afrique équatoriale et dans l'Océan indien. Ils seront gérés depuis Plouhinec. En 2004, la Comasud arrête la pêche, les trois thoniers sont cassés ou vendus. Jusqu'au bout, ils resteront immatriculés à Audierne et ne le seront jamais à Lorient ou à Concarneau, haut lieu du thon tropical en France.

ÎLE DE SEIN (DZ 4203, DZ 185168)

L'*Île de Sein* a été construit en 1970 à la SICCNa de Saint-Malo. Sa longueur était de 47,50 mètres et sa puissance de 1 800 ch. Propriété de la SNC (Société navale caennaise), il était armé et géré par l'ACF. Long de 47,50 mètres et propulsé par un moteur de 1 500 ch, il avait une capacité de congélation de 500 m^3. L'ACF en deviendra propriétaire en 1977. Au début des années 1980, le thonier sera vendu et basé au port de Zamboanga aux Philippines, renommé *Phoenix*.

Ci-dessous, *Île de Sein* (photo coll. ACF).

PRÉSIDENT LACOUR (DZ 4216, DZ 185175, DAK 701)

1. Le *Président Lacour* a été construit en 1971 à la SICCNa de Saint-Malo. C'est le sister-ship de l'*Île de Sein*. Le thonier doit son nom au PDG de la Caisse centrale du Crédit coopératif. Il partira pour le port de Dakar au Sénégal, renommé *Aïda* et immatriculé DAK 701 (photo coll. ACF).

2. Le *Président Lacour*, désarmé et dans une piètre apparence, attend dans l'avant port de Douarnenez en 1988. (photo Philippe Malpertu).

3. *Aïda* (ex-*Président Lacour*) dans le port de Dakar (Sénégal). Il reviendra à Douarnenez avant de partir en 1990 au cimetière de bateaux de Landevennec (photo coll. part.).

1

2

3

ARMEN (AD 584571)

Le thonier senneur congélateur *Armen* doit son nom au célèbre phare indiquant la proximité du Raz de Sein et de ses dangers. Il a été construit en 1982 aux Ateliers et chantiers de la Manche à Saint-Malo. Longueur : 54 mètres.

1. *L'Armen* (photo coll. ACF).
2. *L'Armen*, lors d'une campagne de pêche au thon au large des Îles seychelles en 1999, aux couleurs de l'ACF. Passé à la Comasud en 1999, il sera cassé fin 2004 au chantier de recyclage et de démolition navale Van Wuyten à Gand en Belgique (photo Gilles Tanguy).

CAP SIZUN (AD 184558)

Le *Cap Sizun* doit son nom est celui du cap, au bout de la Bretagne, débouchant sur la Pointe du Raz. Long de 75 mètres, il a été construit en 1972 aux chantiers Martina de Axpe (Bilbao, Espagne). Il sera vendu au Ghana et renommé *Alamo*.

3. *Cap Sizun* (photo coll. ACF).

ÎLE TRISTAN (AD 184779)

L'*Île Tristan* doit son nom à la petite île située à l'embouchure de la rivière de Poul-david, entre Tréboul et Douarnenez. Il a été construit en 1974 aux CMN (Chantiers mécaniques de Normandie) à Cherbourg. D'abord immatriculé à Douarnenez, il le sera ensuite à Audierne. Passé à la Comasud en 1999, il a été cassé à Cadix (Espagne) à l'automne 2004.

1. L'*Île Tristan*, aux couleurs de la Comasud, lors d'une campagne de pêche au large des Îles Seychelles en 2001 (photo Gilles Tanguy).
2. L'*Île Tristan*, aux couleurs de l'ACF, à la veille d'une révision sur le slipway de Concarneau (photo Jack Daussy).
3. L'*Île Tristan* (photo coll. ACF).

1

2

3

SANTA MARIA (AD 584559, CC 584559)

Le *Santa Maria* est le sister-ship de l'*Armen*. Il a été construit en 1982 aux Ateliers et chantiers de la Manche à Saint-Malo. Intégré à la Comasud en 1999, il fut vendu à des officiers de l'armement, à l'arrêt de celui-ci. Une société d'armement, la Sofilab, fut constituée à l'occasion et le bateau géré par l'armement concarnois France-Thon. En conséquence, le thonier est immatriculé à Concarneau. Le *Santa-Maria* est le dernier représentant de la flottille thonière ACF encore en activité au sein de la flottille française.

1. Le *Santa Maria* à Concarneau.
2. Le *Santa Maria* en cours de carénage à Concarneau.
Photos Christian Signol, Treizour

1. Le *Santa Maria.* On le voit ici à son neuvage dans le port de Douarnenez durant l'été 1982. Il porte les couleurs de l'ACF. .

2 & 3. Le *Santa Maria*.
Photos Philippe Malpertu

1

2

3

L'ACF au Guilvinec et à Audierne dans les années 1970-1980

Mais l'emprise de l'ACF ne se limita pas aux quartiers de Douarnenez et d'Audierne, l'armement prit également une part non négligeable à l'activité de celui du Guilvinec durant plusieurs années. Il avait déjà débuté ce mouvement au temps de l'ACAF,. Il arma, souvent en copropriété, plusieurs unités durant les années 1970 : les *Armen*, *Aspin*, *Avel A Benn*, *Cadet*, *Chenonceaux*, *Eckmühl*, *Raoulic*, *Vili*. Le *Tevennec*, déjà cité, le fut également. En 1987, il restait *Le Stiff*, les *Pierjuka*, *Veronika*, *Frédéric-Nathalie* et *Avel A Benn*. On compta aussi le *La Marie-Josèphe* (immatriculé à Audierne). L'ACF eut également une importante activité de gestion de navires pour des artisans du quartier guilviniste.

CADET (CC 3939, CC 318174, GV 318174, CC 318174)

Le *Cadet*, chalutier semi-industriel en fer a été construit en 1965 au chantier naval Franco-Belge à Villeneuve-la-Garenne. Longueur 30 mètres. Il a commencé sa carrière à Concarneau, passant au Guilvinec en 1975. Quelques années plus tard, le bateau passera à Loctudy puis retournera finalement à Concarneau.

Ci-dessous, *Cadet*, accosté près de la criée du Guilvinec en 1975, au milieu des malamoks, nom des bateaux de pêche polyvalents du pays Bigouden (photo Pierre Mary).

CHENONCEAUX (DZ 4063, DZ 184977, GV 184977)

Le *Chenonceaux* était un ancien chalutier latéral en acier de la Sogado de Douarnenez. Il avait été construit en 1963 aux ACRP (Ateliers et chantiers de La Rochelle-Pallice). Longueur 30 mètres. Il sera vendu au Togo.

1. Le *Chenonceaux* entre dans le port de Douarnenez dans les années 1970 (photo Jack Daussy).
2. Le *Chenonceaux* en 1973 (photo Wim den Dulk).

RAOULIC (GV 8171, GV 317408, BA 317408)

Le *Raoulic* tire son nom de la pointe marquant l'entrée du port d'Audierne. Chalutier classique construit en 1966 à la SICCNa de Saint-Malo. Il passa ensuite à Bayonne, devenant le *Bougainville* pour la Luzienne de Pêche en 1992 puis l'*Elcano* à Saint-Jean-de-Luz. Le chalutier a été sorti de flotte en 2004.

1. L'*Elcano* (ex-*Raoulic*) dans le port de Saint-Jean-de-Luz en 2005 (photo Philippe Malpertu).
2. L'*Elcano* en 1973 (photo Wim den Dulk).

VILI (LR 5148, CC 4149, GV 176254, CC 176254, SM 176254)

Le *Vili* était un ancien chalutier classique de La Rochelle, contruit en 1965 aux ACRP (Ateliers et chantiers de La Rochelle-Pallice), longueur 31 mètres. Il passa ensuite à Concarneau avant que l'ACF ne l'arme au Guilvinec. Au début des années 1980, il repassa à Concarneau sous le nom de *Cap Fréhel*, puis à Saint-Malo. Il a été sorti de flotte en 1993.

3. Le *Vili*, immatriculé au Guilvinec, dans le port de Concarneau (photo Jack Daussy).

1

2

3

FRÉDÉRIC NATHALIE (GV 555191, CC 555191)

Le *Frédéric Nathalie* a été construit en 1982 au chantier naval Piriou à Concarneau en 1982. Il passe ensuite à l'armement Charly Guennec puis à la SAPC à Concarneau sous le nom de *Kereil* en 2005. Il a été vendu en Irlande en 2007.

1. Côte à côte dans la port de Concarneau, deux anciens chalutiers en copropriété de l'ACF passés à l'armement guilviniste Charly Guennec puis à la SAPC (Société d'armement à la pêche concarnoise). Il s'agit des *Kerose* et *Kereil*, respectivement anciens *Pierjuka* et *Frédéric Nathalie*. Tous deux ont été vendus en Irlande en 2007 (photo Philippe Malpertu).
2. Le *Frédéric Nathalie* au côté du *Corydalis* dans le port du Guilvinec en 2004 (photo Philippe Malpertu).

1

2

PIERJUKA (GV 555233 PUIS CC 555233)

Le *Pierjuka*, sister-ship du *Frédéric Nathalie*, a été construit au chantier naval Piriou en 1982. Il passe ensuite à l'armement Charly Guennec puis à la SAPC à Concarneau sous le nom de *Kerose* en 2005.

1. Le *Pierjuka* (photo philippe Malpertu).
2. Le *Pierjuka* en carénage sur le terre-plein du port du Guilvinec (photo Christian Signor droits Treizour).
3. Le *Kerose*, ex-*Pierjuka*, dans le port de Concarneau. Il a été vendu en Irlande en 2007 par son dernier armateur, le SAPC (Société d'armement à la pêche concarnoise). Photo Philippe Madiot

VERONIKA (GV 555232)

1. En 2007, le *Veronika* était toujours attaché au Guilvinec. On le voit dans le port aux côtés de l'*Arc en Ciel II*.
2. Le *Veronika* a été construit en 1982 au chantier naval Piriou (Concarneau).
Photos Philippe Malpertu

1

2

LA MARIE-JOSÈPHE (AD 584850)

La Marie-Josèphe est un des rares chalutiers hauturiers encore immatriculé à Audierne. Il a été construit au chantier naval Piriou à Concarneau en 1986.

1. *La Marie-Josèphe*.

2. *La Marie-Josèphe* « fait » de la glace dans le port de Douarnenez avant de repartir en pêche.

Photos Philippe Malpertu

1

2

AVEL A BENN – IKARA (GV 642405)

Dans les années 1970, l'ACF arma au Guilvinec l'*Avel A Benn* (GV 176173), chalutier semi-industriel de 29 mètres de long construit en 1958 aux Chantiers et ateliers de la Perrière à Lorient. Il partira à Lorient en 1979. Un autre *Avel A Benn* sera construit au chantier naval Piriou en 1985. L'ACF le détiendra en copropriété. En 2007, l'*Avel A Benn* est devenu l'*Ikara*, toujours au Guilvinec.

1. *Avel A Benn*.
2. *Ikara*.
Photos Philippe Malpertu

1

2

L'armement Lucas

Dans les années 1960, l'armement fondé par Jean Lucas en 1948, est à la tête d'une dizaine de chalutiers construits entre 1937 et 1955. Ce sont les *Cardinal Richelieu*, *Françoise-Camille*, *Joseph-Marie*, *Les 3 Ave*, *Loch*, *Marie-Josiane*, *Pen Ar C'hoat* et *Tonton Julien*.

Au début des années 1970, l'armement implanté rue du Bout du Monde à Lorient – tout un programme – rachète des chalutiers latéraux dits classiques qui naviguaient au large de l'Afrique. Seront ainsi basés à Abidjan les chalutiers construits entre 1955 et 1964 : *Jules Cadieu*, *Roger Kerdelhue*, *Laurent-Philippe*, *Marthe* ainsi que les *Marie-Josiane* et *Tonton Julien* qui faisaient déjà partie de la flottille Lucas.

C'est la fin d'une période de transition : le chalutage arrière va s'imposer ; ses avantages n'étant plus à démontrer. Le premier chalutier français à portique arrière est le *Paris-Bretagne* construit au chantier naval de La Perrière à Lorient en 1961.

Le port de Lorient-Kéroman est assez récent puisque créé à la fin des années 1920. De 1947 à 1961, la flottille attachée au port passe de 102 à 540 unités de pêche pour se tasser à 460 en 1975. Si plusieurs métiers cohabitent, c'est le chalutage qui domine. Pour ce qui est de la pêche industrielle, le nombre de chalutiers hauturiers passe de 172 à 92 entre 1965 et 1975. C'est également une course à la puissance des moteurs – jusqu'à 2 000 ch – parallèle à l'accroissement de la taille des unités. On note, malgré cette chute du nombre total de bateaux, une augmentation importante des unités de jauge brute supérieure à 500 tonneaux.

1972 voit l'arrivée du premier chalutier Lucas du type pêche arrière. Ces navires – car il y en aura une série de vingt-deux de construite – sont résolument modernes avec un portique proéminent et une rampe ouverte sur l'arrière pour permettre la remontée du chalut. Il est à noter qu'ils ne sont pas équipés d'enrouleurs de chalut près du portique. Les treuils à funes sont installés vers l'avant du bateau. En dehors des périodes de pêche, le chalut est rangé latéralement sur le pont.

Le premier arrivé est le *Thierry Pascal*, chalutier industriel de 54,50 mètres, construit aux chantiers navals « Commune de Paris » situés à Gdynia en Pologne. Il porte le numéro de série B423/10. Il entrera au service actif au mois d'août 1972, pêchant pendant quelques temps au large de l'Afrique. Cette nouvelle unité sera suivie de deux autres de la même série. Ses sister-ships seront livrées l'année suivante. Il s'agit du *Frédéric Carole* (n° B423/14) et du *Jean Germaine* (n° B423/15). Un quatrième chalutier viendra étoffer cette flotte au mois d'octobre 1974, le *Jean Marc* avec le numéro de série B423/19.

En 1976, la flottille lorientaise Lucas se compose des quatre chalutiers de 54 mètres construits en Pologne et des *Jean-Luc* et *Jeanne d'Arc*, eux aussi chalutiers, dépassant les 54 mètres. Ils seront bientôt rejoints par un autre chalutier de la série B 423. Il s'agit du *Chevalier d'Assas*, portant le n° 16 de la série et repris de l'armement Met.

Janvier 1980, le *Frédéric Carole* s'échoue au large de l'île de Sein. Trop endommagé, le chalutier sera ferraillé. La décennie qui commence en 1980 va voir le déclin de la pêche industrielle lorientaise, à l'instar d'autres ports. Après l'exploitation des stocks de lingue et de lieu noir à partir de 1972, après un pic en 1986 en terme de résultats, la chute va être rapide. La diminution de la ressource va amener dans les années 1990 les crises violentes du secteur de la pêche et une restructuration des armements.

Vers la fin des années 1980, Lucas rachète *Montcalm* à l'armement Land. Cet ancien chalutier concarnois, long de 44 mètres, a été construit aux Ateliers et chantiers de la Manche en 1976. Abordé par le cargo chilien *Rubens* le 30 novembre 1991 au large du Danemark, le *Montcalm* fera naufrage en quelques minutes. Le cuisinier sera porté disparu. Jean Lucas, fondateur de l'armement, décède la même année. Son épouse poursuit l'activité pendant une brève période, laissant la gestion de l'armement à ses gendres, messieurs Toucheron et Lesage. Puis le petit-fils du fondateur est nommé PDG et reprend la direction de Lucas Armement.

En juin 1992, Lucas Armement prend en gérance le *Bruix*, issu également de la série B423 (n° 5) construit en 1972 pour les établissements Stein & Pêcheries boulonnaises à Boulogne-sur-Mer puis par l'armement Met et enfin Fourny, tous les deux de Lorient. Lucas Armement le rachète le 24 novembre 1993.

Ci-dessous, le *Montcalm* (photo Jack Daussy).

Lucas Armement compte alors cinq chalutiers industriels, tous des 54 mètres et construits en Pologne, les *Thierry Pascal*, *Jean Germaine*, *Jean Marc*, *Chevalier d'Assas* et *Bruix*. La baisse des captures se fait de plus en plus sentir et les équipages passent de 16 à 14 marins. Les marées durent quinze jours, dont six pour l'aller et le retour. Un bateau pouvait mettre en pêche en Ouest Irlande et terminer aux îles Shetland sans faire demi-tour, pratique de pêche chère aux Lorientais. Les traits durent entre 3 et 6 heures, la remontée de chalut entre 1 à 2 heures et les périodes de sommeil se font entre chaque trait et durent 3 à 6 heures. La pêche est continuelle, jour et nuit, sans répit. Les captures se feront initialement sur des fonds entre 200 et 400 mètres de profondeur, puis s'orienteront rapidement vers les grands fonds. Les espèces pêchées sont le cabillaud, le lieu noir, l'églefin. Les dernières années de l'armement verront une chute notable de la capture de plusieurs d'entre elles. Mais on ne peut parler là d'originalité ou de facteurs particuliers, tant d'armements et de ports ayant été touchés par cette conjoncture.

L'année 1994 marque une période d'investissements et de dépenses importantes pour Lucas Armement. Hélas, ce pari sur l'avenir va tourner court, entraînant le début de difficultés de toutes sortes. Le *Jean Marc* est refondu aux établissements SOCARENAM de Boulogne-sur-Mer mais casse peu de temps après le vilebrequin du moteur. Cela entraîne une longue période d'immobilisation pour réparation. Le *Thierry Pascal* talonne en Irlande. Les réparations seront effectuées par les chantiers Piriou de Concarneau. Le *Jean Germaine* subit une panne moteur qui faillit le drosser à la côte devant Concarneau. À cela se rajoute une politique drastique de la Communauté européenne en matière de pêche, se traduisant par une réduction des flottilles et l'instauration de quotas de pêche. Des grèves et des conflits sociaux souvent durs éclatent dans le monde des marins-pêcheurs.

En 1995, les factures consécutives aux réparations ajoutées à des difficultés financières ont pour résultats la saisie et le maintien à quai en février des *Thierry Pascal* et *Jean Germaine*. Néanmoins, les bateaux sont avitaillés et le plein de carburant fait. Les équipages sont prêts à appareiller et espèrent un quelconque règlement de la situation. Les Affaires maritimes leur refuseront le droit de partir. En mars, Lucas Armement doit se rendre à l'évidence. Il met un terme à son aventure lorientaise en cessant toutes ses activités. Les bureaux sont fermés ainsi que la pêcherie et la filiale chargée de l'entretien des bateaux. Les cinq chalutiers demeurent à quai et soixante-dix navigants débarquent.

BRUIX (BL 341169, LO 341169, BA 341169)

Le *Bruix* tire son nom de celui d'un amiral. Il fait partie de la série des chalutiers de 54 mètres type B 423 issue du chantier naval Commune de Paris à Gdynia (Pologne). Il a été construit en 1972 pour les établissements Stein et la société d'armement Fourmentin-Pollet. En 1976, il passe à Lorient pour les sociétés Met puis Fourny. Il sera brièvement racheté par Lucas en 1993 après une courte période de gérance. En 1997, le *Bruix* part au quartier de Bayonne où il sera transformé en fileyeur.

1. Le *Bruix* durant sa période lorientaise gréé en chalutier (photo coll. part.).
2. Le *Bruix* en escale à Vigo (Galice, Espagne). Photo A.L.G Moreira.

1

2

FRÉDÉRIC-CAROLE (LO 193800)

Le *Frédéric-Carole* aura une carrière courte. Construit au chantier naval Commune de Paris à Gdynia (Pologne) pour l'armement Lucas, c'est le quatorzième des 22 chalutiers de 54 mètres de la série B 423. Il s'échoue le 24 janvier 1980 à proximité de l'Île de Sein. Il est renfloué mais, trop endommagé par un incendie, il est démoli à Brest en 1981.

1. Le *Frédéric-Carole* (LO 193800) en carénage sur le terre-plein du port de Lorient (photo Jack Daussy).

MONTCALM (LO 193800)

Le *Montcalm* a été construit en 1976 aux Ateliers et chantiers de la Manche à Dieppe pour l'armement Socap de Concarneau puis sera armé par CMB (Chevannes-Merceron-Ballery). Il passera quelques temps plus tard à Lorient pour l'armement Lanlo. Vers 1987, l'armement Lucas le rachète. Long de 43,35 mètres, il développait une puissance de 1 800 ch. Il a fait naufrage le 30 novembre 1991 au large du Danemark, faisant une victime.

2. Le *Montcalm* (photo Jack Daussy).
3. Le *Montcalm* rentrant à Lorient. (photo Didier Perron)

L'armement Pétrel

La cessation d'activité de l'armement Lucas donne au groupe Intermarché l'opportunité d'investir un peu plus dans la pêche industrielle. En effet, le groupe spécialisé dans la grande distribution cherche à diversifier ses activités et notamment vers la pêche hauturière. Il possède déjà une première expérience d'armateur débutée deux ans plus tôt avec l'ancien chalutier bordelais *Commandant Gué*, renommé *Kerguelen de Tremarec*. Intermarché reprend en 1995 quatre des cinq chalutiers Lucas puis les renomment en leur donnant des noms de « Mousquetaires », membres fondateurs du groupe Intermarché.

Le *Chevalier d'Assas* est ainsi rebaptisé *Claude Moinier*, le *Jean Marc* devient le *Jean Rioton* ; le *Jean Germaine*, l'*Albert Granet* et le *Thierry Pascal*, le *Simon Kéghian*. Le *Bruix* ne sera pas repris. Il est vendu à un armement espagnol qui le transforme en fileyeur et l'immatricule au quartier maritime de Bayonne. Dorénavant, ce bateau ne connaîtra les ports français que de manière épisodique.

L'armement Pétrel est né. Il tire son nom de celui d'un oiseau marin. La première étape de ce nouvel armement est de moderniser les outils de travail. Les bateaux sont envoyés au chantier naval Piriou à Concarneau pour une refonte complète. La modernisation porte aussi bien sur les moyens de conditionnement des captures, notamment par l'adoption de containers de pêche, que sur l'électronique embarquée à la passerelle. À cela se rajoute une nouvelle peinture aux couleurs des armements Intermarché de l'époque, dans lesquelles le vert domine.

En février 1996, le premier chalutier ainsi rénové arrive à Lorient, il s'agit du *Jean Rioton*. L'armement Pétrel veut faire évoluer le monde de la pêche notamment en utilisant le principe des bases avancées, même s'il n'en est pas à l'origine, et en généralisant les caisses de bord. La rationalité doit primer pour réduire les coûts d'exploitation et garantir une meilleure qualité du produit. Ces évolutions seront au départ diversement perçues par le milieu de la pêche. Les équipages restent attachés à des habitudes et des traditions qui ont fait la cohésion du monde des marins-pêcheurs depuis plusieurs générations. Tout d'abord, l'armement investit dans l'achat d'un cargo frigorifique « fish-carrier » construit en 1981, le *Villa Eustasia*, long de 83 mètres, équipé de trois grues de manutention, possédant des cales d'une capacité de 1 500 tonnes. Il sera renommé *Pétrel*.

Les chalutiers travaillent dorénavant en appliquant le principe des bases avancées. Le poisson pêché est conditionné sur le bateau dans des caisses adaptées aux palettes qui vont les recevoir, pour diminuer le nombre de manipulations, et garantir une qualité optimum. Le mot d'ordre de l'armement est : « valoriser le produit de la pêche ». Aux cotés des prises de cabillauds, lieus noirs et églefins, se retrouvent des poissons de grand fond, des espèces jusque-là inconnues que les consommateurs découvrent sous des noms tels que sabres, empereurs, grenadiers et siki. Ces espèces sont pêchées par des profondeurs de 800 à 1 500 mètres, grandes profondeurs que plusieurs armements français commencent à explorer depuis plusieurs années. Les grands fonds donnent grenadiers, lingues, flétans. Sitôt pêchés, les poissons sont éviscérés, calibrés et mis en glace dans des caisses à bord du navire. Environ 20 % du produit de la pêche est acheté par le groupe Intermarché pour son réseau de distribution ; le reste est vendu aux mareyeurs de la criée de Lorient.

Le cargo *Pétrel* quitte Lorient avec du matériel de pêche, des pièces de rechange et les vivres qui ont étés commandés par les chalutiers restés sur zones de pêche. Un rendez-vous est fixé dans une crique abritée, en Nord-Écosse. Que les chalutiers aient les cales pleines ou non, au jour et à l'heure fixée par le cargo, ils convergent tous au lieu convenu pour effectuer des opérations de transbordement. Ces rendez-vous devront avoir lieu tous les 8 ou 10 jours. Pas de taxes portuaires et un gain de temps pour les bateaux qui sont à quelques heures de leurs

Ci-dessous à gauche, l'*Albert Granet* dans l'avant-port de Concarneau en 2003. Pour les unités de ce type, un trait de chalut de 25 tonnes n'était pas rare en Atlantique Nord dans les années 1980. L'*Albert Granet* développait une puissance de 2 000 ch.

À droite, le *Chevalier d'Assas* en 1994 à poste à Lorient au côté d'un autre « 54 mètres » immatriculé LO 193890.
Photos Bruno Quillivic

lieux de pêche pour le débarquement et l'avitaillement, contre 72 heures de route pour rentrer à Lorient. Les équipages sont relevés en moyenne tous les 15 jours. La relève s'effectue par avion au départ de Lorient Lann Bihoué jusqu'à Lochinver en Écosse, le restant du voyage s'effectuant par car.

Les premières rotations du cargo *Pétrel* débutent dès février 1996 et déclenchent lors d'un retour à Lorient une semaine d'affrontement entre forces de l'ordre et dockers du port. Ces derniers protestent contre le fait que le déchargement du cargo soit exclusivement confié au personnel de l'armement Pétrel et non aux dockers comme précédemment. Ils y voyaient là un risque pour leur profession. Les rotations du fishcarrier *Pétrel* seront abandonnées par la suite en raison de la trop longue durée de celles-ci et par le fait également que le cargo ramenait d'un seul coup sur Lorient le produit de la pêche des quatre chalutiers de 54 mètres. Ces apports massifs de mêmes espèces de poissons en criée avaient pour conséquence une chute des cours non seulement à Lorient mais également au niveau national. Car d'autres gros armements, comme Jégo-Quéré, approvisionnaient régulièrement Lorient avec des quantités de pêche importantes. À tel point que certains bateaux évitaient d'y débarquer lorsqu'il était prévu l'arrivée de grosses unités.

Pour résoudre ces difficultés et régulariser les apports sous criée, Pétrel crée une base avancée de déchargement à Lochinver en Écosse, employant le même principe que Jégo-Quéré ou les armements boulonnais. Les chalutiers débarquaient régulièrement dans le port, à tour de rôle. Le poisson descendait jusqu'à Lorient par camions qui mettaient 30 ou 36 heures pour faire le trajet. Cette méthode a donné satisfaction, permettant de plus de réduire le temps entre la pêche et la mise en circuit commercial.

Parallèlement à l'arrivée des trois nouveaux chalutiers de 45 mètres construits aux chantiers navals Piriou, les quatre ex-Lucas vont être sortis de flotte nationale. En 2005, le *Simon Keghian* est cédé au Sri Lanka pour un euro symbolique et le *Claude Moinier* part en Espagne, racheté par l'armement Redef Euroms. Il y sera transformé en fileyeur et renommé *Maine*. L'*Albert Granet* est cassé à Gand en Belgique avec le *Jean Leclerc* en 2006. Le *Jean Rioton* a connu le même sort l'année précédente. Ne reste de l'ancienne flottille lorientaise Lucas que le *Bruix*, toujours immatriculé comme fileyeur à Bayonne.

Les chalutiers Lucas-Pétrel

ALBERT GRANET ET JEAN-GERMAINE (LO 193801)

L'ancien *Jean-Germaine* change de nom en 1996 et devient l'*Albert Granet*. Il restera en flottille jusqu'en 2005 avant d'être démoli en Belgique en 2006. Il a été commandé par une femme, Carole Boisson, ce qui est peu fréquent dans le monde de la pêche.

Ci-dessous le *Jean-Germaine* aux côtés du *Chevalier d'Assas* en juillet 1995 dans le port de Concarneau. C'est le quinzième de la série B 423 des chalutiers construits au chantier Commune de Paris à Gdynia (Pologne) en 1973. Longueur 54 mètres. La Société Lucas fut son seul armement avant la reprise par Pétrel en 1995 (photo Éric Touche).

1. Photo Philippe Madiot

2. Photo Yannick Le Bris

3. Vue en perspective du pont de l'*Albert Granet*. On aperçoit la rampe centrale de remontée du chalut et au fond les enrouleurs de funes (photo Philippe Madiot).

CHEVALIER D'ASSAS, CLAUDE MOINIER ET MAINE (LO 193890, LO 193801)

Le *Chevalier d'Assas* (n° 16 de la série B 423 des chalutiers de 54 mètres) est un sister-ship des *Jean-Germaine*, *Jean-Marc* et *Thierry-Pascal*. Construit en 1973 initialement pour les Pêcheries armoricaines, il est armé par Met puis Lucas à Lorient.

1. Le *Chevalier d'Assas* en haute mer, immatriculé LO 193801. Il était équipé d'un moteur Crépelle de près de 2 000 ch. On remarque bien qu'il est dépourvu d'enrouleurs de chalut près du portique (photo Didier Perron).
2. Comme les trois autres chalutiers repris par l'armement Pétrel, le *Chevalier d'Assas* est refondu en 1996 à Concarneau et change de nom. Il devient le *Claude Moinier* et garde sa couleur verte (photo Bruno Quillivic).
3. Fin octobre 2005, le *Claude Moinier* part pour l'Espagne où il a été racheté par un armement de Vigo, Redef Euroms. Il va y être transformé en fileyeur (photo Scapêche)

1

2

3

1. Arrivé en Espagne, le *Claude Moinier* reçoit un troisième nom, *Maine*. Il est désormais sous pavillon guinéen (QMC 005/06), photo A.L.G.Moreira.
2. Comme deux frères jumeaux, le *Claude Moinier* et l'*Albert Granet* attendent un nouveau destin sur un quai de Lorient (photo Philippe Madiot)
3. L'*Albert Granet*, à gauche a été cassé en Belgique. Il est ici à côté de son sister-ship, le *Claude Moinier*. Il est assez difficile de les distinguer (photo Philippe Madiot).

JEAN-MARC ET JEAN RIOTON (LO 245042)

Le *Jean-Marc* porte le n° 19 de la série des chalutiers B 423. Il a été construit en 1974. Début 1996, il devient *Jean Rioton*. Il va pêcher jusqu'en 2005. Il sera cassé à Gand, en Belgique, comme l'*Albert Granet*.

1. *Jean-Marc* aux approches de Concarneau en 1974 (photo Bruno Quillivic).
2. *Jean Rioton*, 1996 (photo Bruno Quillivic).
3. Le *Jean Rioton* à quai à Concarneau (photo Jacques Le Sager).

SIMON KEGHIAN ET THIERRY-PASCAL (LO 165414)

Le *Thierry-Pascal* est le 4e chalutier 54 mètres repris par Pétrel. Il porte le n° 10 dans la série des B 423. Il a été construit en 1972 pour l'armement Lucas.

1. Le *Thierry-Pascal* accosté devant la criée de Lorient-Kéroman dans les années 1970 (photo Jack Daussy).

2. Le *Thierry-Pascal* en 1994 peu de temps avec d'être immobilisé en raison des difficultés de l'armement Lucas. Moins de deux ans plus tard, il aura changé de nom pour devenir le *Simon Keghian* (photo Bruno Quillivic).

1

2

1. Le *Simon Keghian* va pêcher jusqu'en 2005. Sorti de flotte, il est cédé au Sri Lanka par Intermarché pour un euro symbolique, dans le cadre d'une aide à un pays frappé par le tsunami de décembre 2004. Il est renommé *Diya Wara* et destiné à « faire de la glace » pour les pêcheurs dans le port sri-lankais de Galle. Depuis le bateau a été récupéré par la marine sri-lankaise et transformé en patrouilleur (photo Bruno Quillivic).

2. Le *Simon Keghian* en relâche au nord de l'Écosse, dans l'archipel des Orcades (photo Sean Glackin).

1

2

Le cargo Pétrel

VILLA EUSTASIA ET PÉTREL

Le *Pétrel* est l'ancien *Villa Eustasia*, un fish carrier construit en Espagne en 1981, long de 83 mètres. Il était immatriculé à Kingstown (îles Saint-Vincent-et-Grenadines).

1. *Villa Eustasia* (photo Jack Daussy).

2 . Les rotations du *Pétrel* ont duré 3 à 4 ans à partir de 1996. On le voit ici lors de l'une d'elles, arrivant à Lorient (photo Scapêche).

3. Caisses de bord de poisson congelé dans les cales du *Pétrel* (photo Scapêche).

Chalutage sur l'*Albert Granet* (ex-*Jean Germaine*)

L'*Albert Granet*, ex-*Jean-Germaine* de l'armement Lucas, a été construit au chantier naval « Commune de Paris » à Gdynia (Pologne) en 1973. Il faisait partie de la série des 22 grands chalutiers construits pour des armements français dans les années 1970 et connu sous la série B 423 dont il porte le n° 15. Il a changé de nom en 1995 en passant à l'armement Pétrel, racheté par Intermarché avec trois autres anciens « Lucas ». Sur ce chalutier de 54 mètres de long, l'équipage est composé de 14 marins. Les traits de chalut se succèdent en permanence. Après avoir été tiré durant 3 heures, parfois à plus de 1 000 mètres de profondeur, le chalut est remonté à bord. C'est le « virage ». Le filet, relié au bateau par des câbles métalliques, les funes, est hissé grâce à un système des poulies et des treuils. Il est tiré et glisse le long de la rampe centrale.

Après la fermeture de la rampe, le chalut, dont le cul était maintenu jusqu'alors fermé par un nœud (raban de cul), est ouvert. La masse de poissons va se répandre sur le pont. Les poissons sont ensuite préparés pour être stockés dans des containers de plus de 200 kg avec de la glace. Entre-temps, le chalut aura déjà été remis à l'eau.

Photos ci-dessous et page de droite, Dominique Montfort

L'armement Nicot de Concarneau

La société de pêche Nicot a fortement marqué Concarneau. Son armement semi-industriel à la pêche a contribué durant de longues années au développement du port en concurrence avec plusieurs autres armements de pêche hauturière, qu'elle soit chalutière ou thonière. En 1980, le port compte également la Compagnie d'armement à la pêche Atlantique, la Cobrecaf, les armements Chevannes-Merceron-Ballery, Goalabré, Herledan, Lancien, Saupiquet et Dhellemmes. Pour le chalutage, seul ce dernier perpétue actuellement la tradition à Concarneau.

Pour la société Nicot, tout commence en 1934, lorsque Pierre Nicot ouvre un commerce de graines à Melgven, non loin de Concarneau. Prés de 20 ans plus tard, c'est une chaîne de sept magasins répartis en Bretagne occidentale que la société exploite. Les années suivantes voient le groupe se développer avec la création de l'Armement de pêche Nicot, l'ouverture de jardineries à Quimper, la reprise de glacières concarnoises et la mise en place en place d'un réseau de distribution de produits surgelés.

À Concarneau, le chalutage a pris peu à peu une place prépondérante après la Seconde Guerre mondiale. En 1960, les apports se montent à 38 000 tonnes. La flottille se développe par la construction de chalutiers en acier de 26 mètres de long (fin des années 1950), de 33 mètres de long dans les années 1960 et l'arrivée des chalutiers à pêche arrière. Le début des années 1970 est marqué par des unités plus grandes, de 44 mètres à 46 mètres, avec une puissance de 1 800 ch. Mais, signe avant coureur, le nombre d'unités hauturières passent de 118 en 1970 à 86 en 1975. En 1980, Concarneau compte 195 bateaux de pêche dont 53 armés à la pêche hauturière. Il ne sont plus que 38 chalutiers semi-industriels en 1987. Nombre d'unités seront vendues ou exploitées le long des côtes africaines. Parallèlement s'est développée la pêche au thon avec la constitution d'une flottille de thoniers senneurs océaniques qui font encore de Concarneau à l'heure actuelle le port français du thon tropical. Les zones de pêche se situent en Mer celtique, Golfe de Gascogne, Atlantique Nord-ouest (au large de l'Écosse, des Hébrides et de l'Irlande).

En 1988, le groupe Nicot se structure en filiales : le jardinage (Truffaut), les produits surgelés, les entrepôts frigorifiques, l'armement à la pêche et la marée. Quelques années plus tard, le groupe est scindé en deux parties, une activité terre et une activité mer (l'armement Nicot).

De nombreux navires ont fait partie de la flottille Nicot. En 1980, Nicot arme les *Allegro*, *Amaryllis*, *Ancolie* (ex-*Ar Gueveur*), *Baccara*, *Concerto*, *Elsinor*, *Héléna*, *Hémérica* (ex-*Pactole*), *Galaxie*, *Jiminy*, *Languedoc*, *Rapsodie* et *Sylvanna*. Dix ans plus tard ce sont les mêmes qui composent la flottille de l'armement rejoints par les *Anthémis*, *Eurêka*, *Mélodie*, *Opéra*, *Rapsodie* et *Symphonie*. Les plus anciens, les *Languedoc* et *Hémerica* ont été sortis de flotte.
En 2001, l'*Opéra* part prospecter sans succès des zones de pêche en Nouvelle-Calédonie. Il passera ensuite à l'Île Maurice sans être revenu en France.

Viendront ensuite les *Landora* et *Heliotrope* en 1990. Ils seront rejoints en 2000 par trois chalutiers provenant de l'armement concarnois Chevannes-Merceron-Ballery, les *Rabelais*, *Ronsard* (ex-*Lesivy*) et *Villon*. Enfin, le dernier sera le *Pierre Nicot* en 2000 (Intermarché participa au financement de ce chalutier).

En 1998, Intermarché entre dans le capital de l'armement Nicot à hauteur de 49 %. En 2003, il devient majoritaire au sein de l'armement qui continue cependant à gérer les bateaux. Au printemps 2004, l'armement est cédé totalement à Intermarché. La société Nicot se recentre sur ses activités «terre» (jardineries Truffaut, entrepôts frigorifiques et fabrication de plats surgelés Nicot Froid).

La flottille se compose alors de neuf chalutiers de 34 mètres de long qui, les uns après les autres, tous sauf un sont transférés à Lorient, à partir de 2003. Ils seront ré-immatriculés et changeront presque tous de noms. Huit partiront à Lorient-Kéroman. Il s'agit des *Villon*, *Rapsodie*, *Rabelais*, *Pierre Nicot*, *Heliotrope*, *Eureka*, *Landora*, *Ronsard*. Le 9e est l'*Anthémis*, vendu à l'armement Dahouetin du quartier maritime de Saint-Brieuc en 2004. Les autres ont été cédés avant le changement de direction et le *Galaxie* a fait naufrage fin 1998. Ce sont donc huit chalutiers de 34 mètres et 80 marins-pêcheurs qui migrent vers Lorient-Kéroman, dans les anciens locaux Jégo-Quéré rachetés par la Scapêche.

Intermarché n'a repris, pour les emmener à Lorient, que les unités les plus récentes, construites à partir de 1985. Les unités plus anciennes avaient déjà été cédées ; la plupart étant partie au quartier de Bayonne. Plusieurs furent transformés en palangriers ou fileyeurs pour des armements dénommés « franco-espagnols » car les intérêts sont espagnols mais une partie de l'équipage est française.

Les bateaux Nicot étaient aisément reconnaissables à leur formes (nombreux sister-ships) et à leurs couleurs (coque verte et blanche, superstructures blanches et beiges). Enfin, les passerelles arboraient une grande lettre « N » inscrite dans un cercle vert. Le nom des unités était souvent choisi parmi les noms de poètes ou de fleurs ou ayant trait à la musique ou à l'astronomie.

Un des premiers à partir sur Lorient est le *Landora*, commandé par un ancien patron de l'armement Jégo-Quéré. Il avait gardé ses habitudes de pêche et n'allait donc pas dans le Nord, préférant travailler dans l'Ouest de Cardiff, Mer d'Irlande, Sud-Irlande. Il est resté faire un métier traditionnel, la traque du merlan. Le deuxième à partir de Concarneau est le *Ronsard*. Le groupe de la grande distribution voulait donner un signe fort au monde de la pêche : les bateaux Nicot étaient devenus Intermarché. Il est probable que le recentrage de tous ces armements sur Lorient correspondait à une volonté de rationaliser la gestion ; ce qui se confirmera par la création de la Scapêche (Société centrale des armements Mousquetaires à la pêche) en 2005.

Lorsqu'ils étaient basés à Concarneau, les bateaux Nicot pêchaient dans le Sud et l'Ouest Irlande pour monter jusqu'au Nord-Ouest de l'Irlande. Leur transfert à Intermarché va élargir leur zone de pêche vers l'Écosse où ils vont entrer en concurrence avec d'autres flottilles ; ces zones étant très fréquentées. Cet éloignement de leur base fait que les bateaux Nicot se mettent eux aussi à débarquer en base avancée mais sans rotation d'équipage à l'opposé des autres armements du groupe.

Ils partent pour 25 à 28 jours et font un déchargement en base avancée. Le débarquement suivant se fera à Lorient permettant ainsi le repos des équipages et d'avoir le bateau sur place pour en assurer la maintenance.

Le chalutage se fait soit sur les hauteurs, à 200 mètres de fond, la durée du trait est alors de 2 h 30, car le poisson recherché fait partie des espèces nobles et ne doit donc pas rester trop longtemps dans le chalut. Soit dans le mi-creux, entre 500 et 800 mètres de fond, le trait dure alors 4 ou 5 heures. Les grands fonds sont également prospectés avec des traits de 7 à 9 heures pour des profondeurs de 1 200 à 1 500 mètres là où l'on trouve le grenadier. La météo influe sur la durée de la pêche. Ces fonds sont connus depuis les années 1970 et relativement sûrs, hormis le risque de rencontrer un container perdu ou une épave (de toute façon répertoriée). *« Après, il arrive, comme dans les champs ici, les cailloux remontent en surface. C'est exactement pareil, c'est le même phénomène. Il y a des cailloux qui font 500 kg ou une tonne. Quand vous prenez un caillou d'une tonne, ça fait du bruit dans un chalut ! Et c'est très dur à remonter parce que ce n'est pas une masse vivante, c'est vraiment le poids mort. Ca écrase tout le poisson »* (Claude Laurent, entretien avec l'auteur, mai 2007).

La pêche est continuelle, jour et nuit. Si un chalut est déchiré, il est réparé pendant qu'un autre est mis à l'eau. Le poisson est trié et éviscéré immédiatement. Si besoin est, le cuisinier ainsi que les mécaniciens aident au traitement du poisson. Plus la durée du trait est longue, plus l'équipage a du répit pour se reposer. Dans les grands fonds, ce sont trois coups de chalut par jour qui sont réalisés. Par 1 200 mètres de fond, avant que le chalut soit prêt à exercer ses fonctions et donc qu'il soit bien ouvert et écarté, il faut attendre encore 20 minutes. Cela se vérifie sur les écrans de contrôle où on voit les panneaux se stabiliser.

Quelques anciens chalutiers acier de Nicot

AMARYLLIS (CC 3972, CC 318191)

1. L'*Amaryllis*, construit à la SICCNa de Saint-Malo en 1965 est emblématique de la configuration des premiers chalutiers pêche arrière. Il était de la même catégorie que les *Men Brial*, *Directeur Alloy* ou *Ar Gueveur* armés par l'ACAF, dont le portique était mobile. Il sera sorti de flotte nationale en 1992. En 1997, on le retrouve immatriculé à Kingstown (Îles Saint-Vincent et Grenadines). Photo Wim Den Dulk

ANCOLIE (DZ 4195, CC 244165)

2. *Ancolie* n'est autre que l'ex-*Ar Guerveur*, armé un temps par l'ACAF. Il faisait partie d'une série de trois chalutiers de 33 mètres construits par la France à la SICCNa (Saint-Malo) pour la Mauritanie. Les trois bateaux, mal adaptés à leur destination finale, seront en fait armés par l'ACAF (les deux autres étant le *Men Brial* et le *Directeur Alloy*). L'*Ar Gueveur* sera vendu à l'armement Simon Charlot de Concarneau, renommé *Tonton Pierre* et puis *Ancolie* par l'armement Nicot. En 1992, le chalutier sera exporté à Saint-Vincent. Photo Jack Daussy

1

2

HÉMÉRICA (CC 4119, CC 318260)

L'*Hémérica* a été construit en 1957 aux Ateliers et chantiers des Forges de l'Ouest à Saint-Nazaire (Loire-Atlantique). Baptisé *Pactole* pour l'armement Tonnerre-Le Huédé de Lorient, il est ensuite vendu à La Rochelle. En 1971, l'armement Nicot le rachète et le renomme *Hémérica*. Il a pêché jusqu'en Atlantique-Nord jusqu'en 1980. L'équipage était composé de 10 marins. Sorti de flotte en 1981, il s'installe aux pieds de la Ville Close en 1984.

1. L'*Hémérica* à Concarneau en 1973 (photo Wim den Dulk).

2. Le chalutier semi-industriel *Hémérica* est le seul navire de ce type existant encore en France (avec l'*Elcano* de Saint-Jean-de-Luz), chalutier « classique », c'est-à-dire à potences latérales. Il est devenu musée à flot et se visite dans le cadre du Musée de la Pêche à Concarneau (Finistère). On peut ainsi se rendre compte plus précisément ce qu'était un navire de pêche industrielle dans les années 1960-1970 et essayer d'imaginer les conditions de vie et de travail des membres de l'équipage (photo Philippe Malpertu).

LANGUEDOC (LR 4639, CC 4061, CC 318236, DAK 732)

3. Le *Languedoc* est un chalutier classique à potences latérales construit en 1955 aux Chantiers des forges de l'Ouest à Saint-Nazaire. Long de 34,50 mètres, il développe une puissance de 600 ch. Il avait commencé sa carrière à La Rochelle. Il part dans les années 1980 au Sénégal. Il y sera renommé *Kharité* et immatriculé à Dakar (photo Wim den Dulk, 1973).

1

2

3

Les chalutiers acier de Nicot avant leur rachat par Intermarché

ALLEGRO (CC 3972, CC 318191)

Allegro fait partie d'une série de chalutiers, longs de 35 mètres et d'une puissance de 800 ch., construits à la SICCNa à Saint-Malo en 1973 et 1974. C'est un « sister-ship » des *Elsinor*, *Galaxie* et *Jiminy* décrits dans l'ouvrage. Il est passé au quartier maritime de Bayonne en 1995 et naviguait toujours en 2007.

1. *Allegro* devant la criée de Concarneau (photo Jack Daussy).
2. En révision à Concarneau (photo Frédéric Régnier).
3. *Allegro* dans un port basque espagnol (photo Filip Cordenier).

ANTHEMIS (CC 683098, SB 683098)

L'*Anthemis* fait partie d'une série de chalutiers de 34 mètres construits en 1987 au Constructions mécaniques de Normandie à Cherbourg pour l'armement Nicot ; les deux autres étant L'*Eureka* et le *Rapsodie*. Puissance 900 ch.

1. Photo Bruno Quillivic, 1997.
2. L'*Anthemis* en attente dans le port de Concarneau (photo Philippe Moreau).
3. L'*Anthemis* en escale à Concarneau en 2006. Depuis 2004, il est au couleurs de l'armement Dahouetin (Porcher), du quartier maritime de Saint-Brieuc (photo Philippe Malpertu).

1

2

3

BACCARA (CC 4265, CC 318346, BA 318346)

Baccara est le sister-ship des *Concerto*, *Hélèna* et *Sylvanna*. En 1992, il est parti au quartier de Bayonne.

1. *Anthemis* en révision sur le slipway du port de Lorient-Kéroman (photo Jacques Le Sager).

2 & 3. Le *Baccara* devant la Ville close de Concarneau en 1973 (photos Wim den Dulk).

2

3

1 & 2. Le *Baccara* dans un port basque espagnol. La passerelle d'origine a été remplacée (photos Bruno Quillivic 2002 et Filip Cordenier).
3. Photo Bruno Quivillic

CONCERTO (CC 4266, CC 318347, BA 318347)

Le *Concerto* est un sister-ship du *Sylvanna*.

1. Le *Concerto* entre dans le port de Concarneau en 1973 (photo Wim den Dulk).
2. Le *Concerto* accosté à un quai de Concarneau (photo Jack Daussy).
3. Comme le *Baccara*, le *Concerto* a vu sa passerelle modernisée (photo Filip Cordenier).
4. Le *Concerto* dans un port basque espagnol. La chalutier est passé au quartier de Bayonne en 1992 (photo Filip Cordenier).

1

2

Megatalde, s.a.
BA-318347
BA-318347
CONCERTO

3

Megatalde, s.a.
CONCERTO
BA-318347

4

ELSINOR (CC 115960, BA 115960)

Elsinor a été construit en 1974 à la SICCNa. En 1995, il a été vendu à un armement du quartier maritime de Bayonne. Il naviguait toujours en 2007.

1. Dans le port de Concarneau (photo Jack Daussy).
2. *Elsinor* devant la Ville close de Concarneau (photo Bruno Quillivic).
3. *Elsinor* dans un port basque espagnol (photo Bruno Quillivic).

GALAXIE (CC 291634)

Galaxie a été construit en 1974. Cest un sister-ship de l'*Allegro*. Le 21 décembre 1998, le *Galaxie* talonne près de l'Île aux Moutons en Baie de Concarneau et coule par 20 mètres de fond. Malgré des tentatives de renflouement en janvier 1999, le chalutier ne pourra être sauvé et sera définitivement envoyé par le fond au large devant les Îles de Glénan.

Ci-dessous : Le *Galaxie* à Concarneau (photos 1 & 2 Bruno Quillivic, 3 Jack Daussy).

JIMINY (CC 291636, BA 291636)

Sister-ship de l'*Allegro*, *Jiminy* a été construit en 1974.

1. Le *Galaxie* à Concarneau (photo Jack Daussy).
2. Retour de pêche du chalutier *Jiminy* (photo Christian Signol, Treizour).

1. Le *Jiminy* en manœuvre dans le port de Concarneau (photo Christian Signol, Treizour).
2. *Jiminy* en escale dans le port de Lorient-Kéroman en 2006 (photo Jacques Le Sager).
3. Début 2003, comme deux de ses sister-ships avant lui, les *Allegro* et *Elsinor*, le *Jiminy* part au quartier de Bayonne. En 2004, il sera transformé en fileyeur comme le montre la photo (photo Jacques Le Sager).

MELODIE (CC 544928, BA 544928)

Mélodie est le sister-ship des *Opéra* et *Symphonie* construits en 1981 aux Constructions mécaniques de Normandie à Cherbourg. Long de 34 mètres pour une puissance de 800 ch.

Ci-dessous, *Mélodie* dans le port de Concarneau (photos Christian Signol, Treizour).

1 & 2. Le *Mélodie* en fileyeur. Le *Mélodie* est passé au quartier de Bayonne en 2003. Il a été transformé en fileyeur-palangrier en 2005 et y a gagné de nouvelles couleurs. Malgré l'ablation du portique, l'ancien chalutier a gardé une ligne équilibrée (photos Bruno Quillivic et Philippe Madiot).

1

2

OPÉRA (CC 544930)

Troisième unité de la série des 34 mètres construite en 1981 pour Nicot, l'*Opéra* est le sister-ship des *Symphonie* et *Mélodie*.

En 2001, l'*Opéra* part prospecter sans succès des zones de pêche en Nouvelle-Calédonie. Il a continué à pêcher dans l'Océan Indien où il fréquente l'Île Maurice. Il est sorti de flotte nationale en 2002.

1. L'*Opéra* en manœuvre dans le port de Concarneau (photo Christian Signol, Treizour).
2. L'*Opéra* en carénage sur le slipway de Concarneau (photo Jack Daussy).
3. Photo Bruno Quivillic, 1994.

1

2

3

1. L'*Opéra* en manœuvre dans le port de Concarneau (photo Christian Signol, Treizour).

2. Renommé *Sainte-Rita* et sous pavillon mauricien, l'ex-*Opéra* est actuellement basé à Port-Louis (Île Maurice), photo coll. part., 2007.

1

2

SYLVANNA (CC 318345, BA 318345, LR 318345)

Sylvanna fait partie d'une série de chalutiers de 33 mètres et d'une puissance de 800 ch, construits à la SICCNa à Saint-Malo en 1972, les autres étant les *Baccara*, *Concerto* et *Hélèna*. En 1992, le chalutier passe au quartier de Bayonne puis à celui de la Rochelle en 1996. Il a été transformé en palangrier.

1. Le *Sylvanna* dans la rade de Lorient en février 2008 (photo Jacques Le Sager).
2. Le *Sylvanna* dans le port de Douarnenez en 1980 (photo Philippe Malpertu).

1

2

SYMPHONIE (CC 544929, BA 544929)

Symphonie est le sister-ship des *Opéra* et *Mélodie*. Il est passé au quartier de Bayonne en 2003. En 2005, il a été transformé en fileyeur-palangrier.

1. Le *Symphonie* entrant dans le port de Concarneau (photos Bruno Quillivic).
2. Le *Symphonie* en carénage sur le slipway de Concarneau (photo Jack Daussy).
3. Le *Symphonie* dans son nouveau «gréement» de fileyeur dans le port de Vigo (Espagne) en 2007 (photo Angel Godar-Moreira).

Les chalutiers en acier Nicot-Scapêche

EUREKA (CC 683096, LO 683096)

L'*Eureka*, sister-ship des *Anthémis* et *Rapsodie*, a été construit en 1987 au Constructions mécaniques de Normandie à Cherbourg. Sortie de flotte prévue en 2008.

1 & 2. L'*Eureka* en manœuvre en 2003 dans le port de Douarnenez à la veille d'un carénage (photos Philippe Malpertu).

3. L'*Eureka* a été immatriculé à Lorient en 2005. Repeint aux couleurs Scapêche-Intermarché, il chalute en bœuf avec le *Ronsard* (photo Philippe Malpertu).

1

2

3

HELIOTROPE (CC 752559, LO 752559)

Heliotrope a été construit en 1990 au chantier naval Piriou à Concarneau.

1. L'*Eureka* devant la criée de Lorient-Kéroman (photo Philippe Madiot).
2. *Heliotrope* devant la Ville close de Concarneau (photo Bruno Quillivic).
3. *Heliotrope* aux approches du port de Concarneau (photo Bruno Quillivic).

1

2

3

1. *Heliotrope* aux approches du port de Concarneau (photo Christian Signol, Treizour).

2. *Heliotrope* accosté à Lorient en 2006 aux côtés du chalutier *La Tour d'Auvergne* (photo Philippe Malpertu).

1. En 2005, *Heliotrope* a été immatriculé à Lorient et repeint aux couleurs de la Scapêche (photo Philippe Madiot).

2. Passerelle de l'*Heliotrope*. Elle arbore le logo de la Scapêche commun dorénavant à tous les bateaux de la flottille Intermarché (photo Philippe Madiot).

3. Détail des enrouleurs de chalut de l'*Heliotrope* (photo Philippe Madiot).

1

2

3

LANDORA (CC 752562, LO 752562)

Le *Landora* a été construit en 1987 au Constructions mécaniques de Normandie à Cherbourg. Sa longueur est de 33,80 mètres pour une puissance de 800 ch. Sortie de flotte prévue en 2008.

1. *Landora* devant la Ville Close de Concarneau (photo Bruno Quillivic).
2. Eté 2003 : *Landora* est en carénage sur le slipway du port de Douarnenez. À ses côtés se trouve Le *Grand Louis*, chalutier douarneniste (photo Malpertu).
3. Eté 2003 : *Landora* flambant neuf dans le port de Douarnenez. Il va partir à Lorient où il sera immatriculé l'automne suivant (photo Malpertu).
4. *Landora* en 2003 : vue des apparaux de pêche (photo Malpertu).
5. Quatre ans plus tard, autre carénage mais sur le terre-plein du port de Lorient. *Landora* est aux couleurs de la Scapêche (photo Malpertu).
6. *Landora* accosté à Lorient-Kéroman en 2006 (photo Philippe Malpertu).

LANDORA
LO 752562
PEINTURE
ANIQUE GÉNÉRALE
MOTEURS DIESEL
5

6

PIERRE NICOT ET JULIEN COLÉOU (CC 911288, LO 911288)

Le *Pierre Nicot* a été construit à la suite du naufrage du *Galaxie* en 1998. L'armateur avait récupéré les kW autorisant de ce fait une construction équivalente. Il est sorti du Chantier naval Piriou à Concarneau en 2000. Longueur de 30,10 mètres pour une puissance de 800 ch.

1 & 2. photos Bruno Quillivic.

3. *Pierre Nicot*, du nom du fondateur de la société Nicot, accosté dans le port de Concarneau (photo Philippe Moreau).

1. En 2006, comme d'autres anciens chalutiers Nicot, *Pierre Nicot* a été renommé *Julien Coléou*. Il tient son nouveau nom d'un professeur de zootechnie disparu en 2003 qui fut enseignant à l'Institut national d'agronomie de Paris-Grignon de 1953 à 1995 (photo Philippe Madiot).

2. Détail du gaillard avant du *Julien Coléou* et de la grue de manutention (photo Philippe Madiot).

3. *Julien Coléou* accosté à Lorient-Kéroman avec à ses côtés, le *Mariette Le Roch* (ex-*Pors Ar Vag*, un ancien chalutier ACF devenu Sparfel). Photo Philippe Madiot

1. Le *Julien Coléou* à Killbegs (Irlande). Photo Sean Glackin
2. Le *Julien Coléou* devant Lorient (photo Jacques Le Sager).

RABELAIS ET CLAUDE MOINIER II (CC 683453, LO 683453)

Rabelais est un ancien chalutier de l'armement CMB (Chevannes-Merceron-Ballery) repris par Nicot en 2000 tout comme ses sister-ships, les *Villon* et *Ronsard*. Il a été construit au chantier naval Piriou à Concarneau en 1988. Long de 33 mètres pour une puissance de 1000 ch.

1. *Rabelais* sous les couleurs CMB (photo Bruno Quillivic).
2. *Rabelais* dans le port de Concarneau durant sa période Nicot (photo Gino Provost).
3. *Rabelais* repeint aux couleurs de la Scapêche. Encore immatriculé à Concarneau, il arbore le N, sigle de l'armement Nicot sur le flanc de sa passerelle. Il passera à Lorient en 2005 (photo Bruno Quillivic).

1. *Rabelais* toujours à Concarneau mais il est cette fois-ci immatriculé à Lorient et arbore le logo de la Scapêche (photo Jean-Marc Pochic).

2. En avril 2006, le *Rabelais* est renommé *Claude Moinier II*. Le premier *Claude Moinier* ayant été vendu en Espagne (photo Philippe Madiot).

1 & 2. *Claude Moinier II* accosté au port de Lorient-Keroman (photos Philippe Malpertu).
3. Sur le terre-plein du port de Lorient, carénage du *Rabelais* en train de devenir le *Claude Moinier II* (photo Philippe Madiot).

RAPSODIE ET SIMON KEGHIAN II (CC 683097, LO 683097)

Sister-ship des *Anthemis* et *Eureka*, le *Rapsodie* a été construit en 1987 aux Constructions mécaniques de Normandie à Cherbourg. Sortie de flotte prévue en 2008.

1. Le *Rapsodie* dans le port de Concarneau (photo Jack Daussy).
2. *Rapsodie* en carénage sur le slipway du port de Concarneau. On peut voir à quelles contraintes est soumis un bateau de pêche hauturière (photo Christian Signor, Treizour).
3. Le *Rapsodie* en carénage sur le slipway de Lorient-Keroman. Il est passé à Lorient en 2005. Comme plusieurs autres chalutiers Nicot passés à Lorient, le *Rapsodie* a reçu en juin 2005 le nom d'un des dirigeants d'Intermarché. Il est devenu le *Simon Keghian II*. Le premier *Simon Keghian* avait été sorti de flotte (photo Philippe Malpertu).

1. Le *Rapsodie* vient d'être peint aux couleurs Scapêche et a définitivement perdu sa livrée verte et blanche caractéristique des chalutiers Nicot (photo Philippe Madiot).
2. Le *Simon Keghian II*, ex-*Rapsodie* (photo Philippe Malpertu).

3. Le *Simon Keghian II*, vient d'être caréné et repeint, en préparatifs de départ à Lorient devant les locaux de l'ancien armement Jégo-Quéré. Ces locaux sont occupés par les activités de pêche d'Intermarché depuis 2002 (photo Philippe Malpertu).

1

2

3

RONSARD (EX-LESIVY – CC 683777, LO 683777)

Ronsard, sister-ship des *Rabelais* et *Villon* a été construit au chantier naval Piriou à Concarneau en 1989. C'est un ancien chalutier de l'armement CMB (Chevannes-Merceron-Ballery) repris par Nicot en 2000. Il avait débuté sa carrière sous le nom de *Lesivy* avant de prendre celui de *Ronsard* en 1993. Sortie de flotte prévue en 2008.

1. Le *Lesivy* à Concarneau (photo Bruno Quillivic).
2. *Ronsard* aux couleurs de l'armement Nicot. Peu de différences par rapport à l'armement CMB si ce n'est le changement de logo sur le flanc de la passerelle (photo Philippe Moreau).
3. *Ronsard*, quai des chalutiers à Lorient-Kéroman. En arrière plan, on aperçoit le *Victor Pléven*, ancien chalutier de Grande pêche transformé en musée flottant (photo Philippe Malpertu).

1

2

3

1. Le *Ronsard* aux couleurs de l'armement CMB en 1996 (photo Frédéric Régnier).

2. En 2005, le *Ronsard* a été immatriculé à Lorient, tout comme les autres Nicot, et a reçu la livrée de rigueur en bleu et rouge. Ici à quai à Lorient au retour d'une campagne de pêche. Les bateaux souffrent et ont besoin d'un entretien soutenu, gage de sécurité pour les équipages et d'efficacité en pêche (photo Philippe Madiot).

3. *Ronsard* vu de l'arrière ce qui permet de mieux détailler l'imposant appareil de pêche. L'absence de panneaux de chalut est du au fait que le *Ronsard* pêche en bœuf avec l'*Eureka*. Doté de trois enrouleurs de chalut à l'origine, le *Ronsard*, a été ensuite équipé de deux enrouleurs spécialement étudiés pour recevoir des nouveaux chaluts à grandes ouvertures (photo Philippe Madiot).

VILLON ET PIERRE-JACQUES MATIGNY (CC 683454, LO 683454)

Villon est un ancien chalutier de l'armement CMB (Chevannes-Merceron-Ballery) repris par Nicot en 2000 tout comme ses sister-ships, les *Rabelais* et *Ronsard*. Il a été construit au chantier naval Piriou à Concarneau en 1989.

1. *Villon* aux abords du port de Concarneau (photo Bruno Quillivic).
2. *Villon* dans le bassin du Moros à Concarneau en 2004 (photo Gino Provost).
3. *Villon* à Concarneau aux couleurs de l'armement CMB en 1996 (Chevannes-Merceron-Ballery). Photo Bruno Quillivic

1

2

3

1. Carénage du *Villon* sur le terre-plein du port de Lorient. Il a été immatriculé dans ce quartier en juin 2005 (photo Philippe Moreau).

2. *Pierre-Jacques Matigny* à l'issue d'une révision. Fraîchement repeint, le chalutier sera bientôt remis à l'eau (photo Philippe Malpertu).

1

2

1. À la fin de 2005, *Villon* a été renommé *Pierre-Jacques Matigny*, du nom d'un dirigeant de plusieurs points de vente Intermarché dans l'Est de la France, décédé en 2003 (photo Philippe Malpertu).

2. Le *Pierre-Jacques Matigny* à Lochinver (photo Sean Glackin).

1

2

De l'armement Furic à la Scapêche

Lorsque Intermarché reprend l'armement Furic en 2001, celui-ci n'a pas une histoire très ancienne au Guilvinec puisqu'il a été créé en 1992. Par contre la société Furic est implantée de longue date en pays Bigouden. En effet, elle participa au début de la pêche semi-industrielle au Guilvinec en s'investissant au sein des armements Guilviniste et Bigouden dans les années 1960.

Le Guilvinec n'a jamais été un grand port de pêche industrielle, comparé à Concarneau ou à Lorient. Il a préféré se spécialiser dans la pêche fraîche artisanale côtière et hauturière même si le quartier connut et connaît encore plusieurs armements importants. La majorité des bateaux est armée par des patrons artisans. La flottille hauturière est très présente, les bateaux se situant entre 20 et 25 mètres de long. Les marées durent de 4 jours à deux semaines. Cette spécialisation et le dynamisme dont fait preuve la profession, malgré les crises de la pêche, ne lui a pas trop mal réussi puisque Le Guilvinec est devenu en 2006 le deuxième port de pêche français après Boulogne-sur-Mer en valeur des apports. On compte 55 navires hauturiers sur les 112 unités attachées au port.

Depuis 1920, la famille Furic, puis la société du même nom, est un acteur majeur du port grâce à ses activités de mareyage et de poissonnerie de détail auxquelles s'ajoutent la pisciculture. À l'aube des années 1990, Furic renoue avec l'armement de bateaux. En l'espace de dix ans, seize chalutiers et un fileyeur seront achetés et une participation prise dans un bolincheur. Ce n'est pas une flottille de chalutiers industriels ou semi-industriels, leur longueur n'excédant pas les 25 mètres. Cependant, il s'agit bel et bien de bateaux de pêche hauturière. Les bateaux sont déclinés en deux structures, Furic armement et Furic marée.

En 2000, la flottille se compose des *Alya*, *An Diou Bleizi*, *Castel Coz*, *Effera*, *Jean Sebastien III*, *Ksora*, *La Conchée*, *L'Albatros*, *Le Castor*, *Le Royale*, *Ravel*, *St Hubert*, *Talion*, *Toutatis*, *Zubernoa* et du fileyeur *An Durzunell*. Bientôt se joindra le *Martolod Breiz*, devenu le *Margaux I*. Le *Margaux I* et le *Castel Coz* étaient immatriculés à Boulogne-sur-Mer et opéraient depuis ce port. Ce sont tous des bateaux en acier, sauf le fileyeur *An Durzunell* qui était en bois.

Les premières unités furent le chalutier *Hibernia* et le fileyeur *An Durzunell*, puis vint la série dite des « Malouins », acquise d'occasion à Saint-Malo à l'armement Nord Bretagne (les *Alya*, *La Conchée*, *Ksora* ensemble puis ultérieurement l'*Effera*) et construits au chantier naval Vergoz à Concarneau. Puis ce fut le tour du *Ravel* de Concarneau, et enfin plusieurs chalutiers achetés au quartier de La Rochelle : *L'Albatros*, *Le Castor*, *St Hubert*, *Talion*, *Toutatis*. Le *Zubernoa* sera acquis en 1998 au quartier maritime de Bayonne. La flottille Furic, à son apogée, vers 1999, embarque 120 marins et pèse quelques 5 500 tonnes d'apport sous criée.

En juin 2001, au moment où Intermarché prend le contrôle de la flottille Furic, plusieurs bateaux n'en font plus partie. L'*An Durzunell* est parti pour les côtes malgaches, l'*Hibernia* a été vendu et deviendra le *Kas Dei*, toujours au quartier du Guilvinec. *Le Royale* a fait naufrage le 8 mai 2001 après une collision avec le pétrolier norvégien *Siboti*. Heureusement l'équipage est sain et sauf. Le *Margaux I* (ex-*Martolod Breiz*) a été victime d'un incendie quelques mois après la reprise, en 2002. Ce sont donc 14 chalutiers et 8 piscicultures qui sont intégrés dans le groupe de grande distribution, les activités de mareyage ne faisant pas partie de la transaction.

Alors que les autres rachats de flottilles effectués par Intermarché ont vu un recentrage des bateaux sur Lorient, les bateaux Furic restent immatriculés au Guilvinec et continuent à opérer depuis ce port. Ils ont conservé le nom qu'ils avaient au moment de leur intégration à la Scapêche. Cette flottille est composée de chalutiers hauturiers réalisant des marées plus

1. *Le Royale* entre dans le port de Douarnenez. Le chalutier portait bien son nom ! Photo Christian Signol, Treizour
2. Le *An Diou Bleizi* aux couleurs Furic Intermarché (photo Bernard Bouguéon).

longues que celles des bateaux opérant en Atlantique Nord. En effet, les « Furic » ne débarquent pas en base avancée écossaise, à l'instar des chalutiers semi-industriels, mais dans des ports français, essentiellement au Guilvinec.

La flottille actuelle se compose des *Alya*, *Effera*, *Ksora*, *La Conchée*, *Ravel*, *St Hubert* et *Zubernoa*. Les *Alya* et *La Conchée* débarquent à Douarnenez ou à Roscoff, tous les autres débarquent leur pêche au Guilvinec. Durant une période, les *Ksora*, *Effera* et *Toutatis* débarquaient également à Douarnenez.

Depuis 2001, Intermarché s'est séparé de plusieurs unités, vendues ou sorties de flotte : les *Jean Sebastien III* et *Toutatis* ont été cassés. Les *An Diou Bleizi* et *Castel Coz* ont été vendus à Boulogne-sur-Mer, *Le Castor* à La Turballe et *L'Albatros* et le *Talion* à Hendaye.

Les bateaux Furic étaient, en général, peints en deux tons de vert séparés par un filet blanc ou rouge, superstructures blanches et haut de passerelle relevé d'orange. Entre 2001 et 2005, avant la Scapêche, ils ont été peints en rouge et bleu (avec un filet de rouge sur la partie bleue), superstructures blanches relevées de bleu. À partir de 2005, les chalutiers sont toujours en bleu et rouge mais les couleurs sont inversées et les tons différents. Les superstructures toujours blanches sont relevées de rouge. Ce sont dorénavant les couleurs de toutes les unités de la Scapêche.

Sur ces bateaux, de conception récente – un peu plus de quinze ans d'âge en moyenne – l'équipage est composé de six marins : le patron, le second, le mécanicien et trois matelots. Un septième membre assure une rotation. En général c'est le second qui remplace le patron. Parmi les matelots, il peut y avoir un second mécanicien pour remplacer le mécanicien, le temps d'une marée. Le patron a sa cabine tout comme le mécanicien et le second. Le poste d'équipage est assez spacieux.

Les marées durent 14 jours, le retour s'effectuant le quinzième. Normalement, l'escale dure 2 jours et demi. Les bateaux pêchent surtout la lotte et la cardine (limande). Cependant, *La Conchée* et l'*Alya* traquent aussi le merlan, l'ânon (églefin), la morue, travaillant surtout Sud Irlande et à l'entrée du Canal St Georges. Ces deux bateaux font des marées de dix jours. Les cinq chalutiers Furic débarquant au Guilvinec pêchent sur les zones de la Grande Sole, Ouest Bretagne et parfois dans le

1. Le *Ravel* à Concarneau.
2. Le *Castel Coz* à Boulogne-sur-Mer.
Photos Philippe Malpertu

Golfe de Gascogne. Il y a entre neuf et douze heures de route à l'Ouest de Penmarc'h, dans le suroît du rail d'Ouessant. Cela représente 80 miles. Les bateaux mettent en pêche et s'éloignent au fur et à mesure. En enlevant le temps de route aller et retour, il en résulte douze jours de pêche effective.

Sur un 25 mètres (longueur moyenne des chalutiers Furic), les traits de chalut durent trois heures, jour et nuit. Le virage s'effectue en 30 minutes. Le chalut est aussitôt remis à l'eau. Cela fait environ 200 heures de drague par marée. Le patron est de veille le jour, le second la nuit, par roulement. Pour la cuisine, c'est un arrangement entre les membres de l'équipage, il n'y a pas de règle générale. Un membre d'équipage est désigné à la journée ou le temps de la marée. D'autres bateaux ont un cuisinier attitré. Les équipages ne changent pas de bateaux sauf pour un remplacement exceptionnel.

À bord, durant les traits de chalut, le poisson est trié (taille et espèces), éviscéré, lavé, glacé et mis en caisse de criée ou en vrac selon les bateaux. Si besoin est, le chalut est réparé. La pêche sera vendue uniquement sous criée du Guilvinec et ne sert donc pas à alimenter les rayons poissonnerie des magasins du groupe. Une structure logistique a été conservée au Guilvinec.

Un chalutier moderne, secondé par un important équipement électronique, est plus sûr et plus confortable mais reste soumis à l'état de la mer. Les bateaux actuels ont repoussé les limites des conditions de pêche : travail continuel jour et nuit, conditions climatiques affrontées plus dures. Auparavant, dès qu'il y avait 30 nœuds de vent annoncé, les bateaux faisaient relâche ou mettaient à la cape. Les pêches étaient saisonnières, autorisant des moments de répit. La limite d'endurance des bateaux anciens, ceux en bois notamment, étaient paradoxalement vécue comme une protection et une sécurité. Les bateaux sont plus sûrs mais comme les limites ont été repoussées, les risques liés au métier se sont déplacés et n'ont donc pas diminué pour autant. Bien entendu, ces remarques ne concernent pas que l'armement Furic tant il est vrai que la rentabilité des navires est au cœur des préoccupations du secteur.

Les chalutiers Furic Armement et Furic Marée (avant Intermarché)

AN DURZUNELL (GV 365123)

Le *An Durzunell* a été construit en 1977 au chantier naval Hénaff au Guilvinec. C'est un ancien chalutier transformé en fileyeur. Long de 16,20 mètres, ce fut le seul à avoir une coque en bois. Il a été vendu à Madagascar en septembre 2001.

1. Le fileyeur *An Durzunell* entre dans le port de Saint-Guénolé en 1999 (photo Bruno Quillivic).
2 & 3. Le fileyeur dans le port du Guilvinec dans les années 1980 (photos Jean-Louis Malpertu).

1

2

3

HIBERNIA – KAS DEI (GV 642973)

L'*Hibernia* fut le premier chalutier acquis en 1992 par l'armement Furic en tant que tel. Long de 22 mètres et construit en 1988 au chantier naval Vergoz à Concarneau.

1. Photo Philippe Moreau.
2. L'*Hibernia* débarquant sa pêche en 1998 au port de Saint-Guénolé (photo Philippe Malpertu).
3. L'armement Furic revendra le chalutier au dernier patron qui l'ait commandé. L'*Hibernia* est renommé *Kas Dei* («Qui en Veut») en 2005 (photo Régis Stéphan).

1

2

3

LE ROYALE (GV 642973)

Le Royale était un magnifique bateau et portait bien son nom. Ses formes et sa décoration lui donnaient plus l'allure d'un yacht que d'un bateau de pêche. Hélas, il a fait naufrage le 8 mai 2001, en pleine nuit, lors d'une collision avec un pétrolier norvégien long de 229 mètres, le *Siboti*. Heureusement, il n'y eut pas de victime parmi l'équipage. *Le Royale* avait été construit en 1987 aux Forges Caloin d'Etaples. Long de 24,95 mètres. Le bateau devait être repris par Intermarché et rentrer en carénage. Des frais importants étaient prévus pour son entretien mais le naufrage eut lieu peu de temps avant.

1. *Le Royale* en révision sur le slipway de Concarneau en 1996 (photo Bruno Quillivic).
2. Photo Bruno Quillivic
3. *Le Royale* à Douarnenez en 1998 et 2000 (photos Gino Provost & Treizour Christian Signol, Teizour).

2

3

Les chalutiers Furic-Scapêche

ALYA (SM 785620, GV 785620)

Alya a été acquis par Furic en 1997 auprès d'un armement malouin. Long de 24,90 mètres, il a été construit en 1992 au chantier naval Vergoz à Concarneau. C'est le sister-ship des *Effera* et *Ksora*.

Les 3 photos ci-dessous : *Alya* aux couleurs Furic Intermarché en 2004 dans le port de Douarnenez (photos Philippe Malpertu).

AN DIOU BLEIZI – TÉLÉMAQUE (GV 730706, BL 730706)

L'*An Diou Bleizi* a été construit en 1990 au chantier naval Léon Gléhen à Pont l'Abbé. En octobre 2002, le chalutier a été vendu à Boulogne-sur-Mer et renommé *Télémaque* pour un armement dieppois.

1 & 2. Le *An Diou Bleizi* aux couleurs Furic (antérieures à 2001, avant la reprise par Intermarché), dans le port du Guilvinec (photos Bruno Quillivic).
3. Le *Télémaque* (ex-*An Diou Bleizi*) dans le Bassin Loubet du port de Boulogne-sur-Mer (photo coll. part., DR).

CASTEL COZ
(BL 644519, SN 644519, GV 644519, BL 644519)

Le *Castel Coz* («Vieux Château») a été construit en 1985 aux Forges Caloin d'Étaples pour un ancien patron de l'ACF qui avait notamment navigué sur le *Directeur Chatté* et commandé le *Castel Coz* (un des dix chalutiers de 38 mètres construits par les CNR pour l'ACF). Il était originaire du Cap Sizun et, après une carrière à Douarnenez, était parti s'installer dans le Pas-de-Calais. En 1991, le *Castel Coz* part à La Turballe (quartier de Saint-Nazaire). L'armement Furic l'achète en 1997 et le rapatrie au Guilvinec. L'année suivante il retourne à Boulogne-sur-Mer pour y être basé. Le bateau sera ré-immatriculé à Boulogne-sur-Mer en 2001 et revendu à un patron boulonnais en 2002, toujours sous le même nom.

1. *Castel Coz* durant sa période guilviniste, c'est-à-dire entre 1997 et 2001. Il est peint aux premières couleurs Furic, en deux tons de vert; couleurs traditionnelles dans ce quartier maritime (photo Christian Signor, Treizour).
2, 3 & page suivante. *Castel Coz* dans le port de Boulogne en 2004 (2) et 2008 (3 & page suivante). Photos Philippe Malpertu

1

2

3

EFFERA (SM 785315, GV 785315)

L'*Effera* a été acquis par Furic en 1997 auprès d'un armement malouin. Long de 24,90 mètres, il a été construit en 1990 au chantier naval Vergoz à Concarneau. Sister-ships du *Alya* et du *Ksora*.

1 & 2. *Effera* aux couleurs Furic Intermarché en 2004 dans le port de Douarnenez. Le chalutier déchargeait fréquemment dans le port (photos Philippe Malpertu).

3. L'*Effera* dans le port du Guilvinec en 2007. Il est désormais peint aux couleurs Scapêche et arbore le logo de l'armement central des Mousquetaires (photo Aurélien Cormier).

1

2

3

JEAN SÉBASTIEN III (GV 686351, LO 686351)

Le *Jean Sébastien III* a été construit au chantier naval Vergoz à Concarneau en 1987. Il a été sorti de flotte et cassé en juin 2004. C'était un ancien chalutier de Lorient acquis par l'armement Furic en 1997.

Les 2 photos ci-dessous : le *Jean Sébastien III* dans le port du Guilvinec, peint aux couleurs Furic-Intermarché (photos Philippe Malpertu).

KSORA (SM 785715, GV 785715)

Tout comme l'*Alya*, l'*Effera* et *La Conchée*, le *Ksora* fait partie de la série dites des «Malouins» achetée par Furic à l'armement Nord Bretagne à partir de 1997. Le chalutier a été construit en 1991 sur coque métal au chantier naval Vergoz à Concarneau.

Ci-dessous, le *Ksora* au Guilvinec en 2006 (photos Philippe Malpertu).

LA CONCHÉE (SM 735820, GV 735820)

La Conchée, chalutier long de 24 mètres a été construit en 1989 au chantier naval Vergoz à Concarneau. Il est passé du quartier de Saint-Malo à celui du Guilvinec en 2002. L'armement Furic l'avait acheté en 1997. Origine de *La Conchée* : Fort de la Conchée vers Saint-Malo.

1. *Ravel* et *La Conchée* en escale dans le port de Douarnenez en 2004.
2, 3, 4 & 5. *La Conchée* dans le port de Douarnenez, port servant fréquemment de base au chalutier. Il est peint aux couleurs Furic-Intermarché.
Photos Philippe Malpertu

L'ALBATROS (LR 684186, GV 684186, BA 684186)

1. *L'Albatros*, sous ses couleurs rochelaises. Le chalutier a été construit en 1985 aux Ateliers du Bastion aux Sables d'Olonne (photo Christian Signor, Treizour).

2. *L'Albatros* au Guilvinec (photo Christian Signor, Treizour).

3. *L'Albatros* a été acquis par Furic en 1998 à La Rochelle. En 2004, le chalutier a été revendu à Hendaye (quartier maritime de Bayonne). Photo Philippe Moreau

1

2

3

1. *L'Albatros* au Guilvinec (photo Christian Signor, Treizour).
2. *L'Albatros* dans le port d'Hendaye en 2007 (photo Jean-Pierre Dupuy).
3. *L'Albatros* lors d'une révision sur le terre-plein du port d'Hendaye en 2007 (photo Jean-Pierre Dupuy).

1

2

3

LE CASTOR (LR 684368, GV 684368, SN 684368)

Le Castor est un ancien chalutier de La Rochelle. Acquis par Furic en 1998, il passe au Guilvinec. En 2004, il sera revendu à La Turballe (quartier maritime de Saint-Nazaire). Long de 20,80 mètres, il a été construit aux Ateliers du Bastion à La Rochelle en 1986.

1. Immatriculé à La Rochelle, entrant dans le port de Douarnenez (photo Christian Signor, Treizour).

2 & 3. *Le Castor* va accoster à la criée du Guilvinec (photos Christian Signor, Treizour).

1. *Le Castor* au large de La Turballe après 2004 (photo Philippe Moreau).
2. *Le Castor* à Douarnenez en 2004 (photo Philippe Malpertu).
3. *Le Castor* à La Turballe en 2005 (photo Philippe Malpertu).

MARTOLOD BREIZ – MARGAUX I (GV 514554, DZ 514554, BL 514554)

Le *Martolod Breiz* (« Matelot Breton ») a été construit en 1980 au chantier naval Pierre Gléhen au Guilvinec. Longueur 20,60 mètres. Début 1991, il est immatriculé à Douarnenez puis au quartier de Boulogne-sur-Mer en 2000. Une partie de la carrière du *Martolod breiz* se déroula à Saint-Guénolé (port du quartier du Guilvinec).

1. Photo Bruno Quillivic

2. Dans le port de Douarnenez, le *Martolod Breiz* est entouré du *Jack-et-Véronique* (ancien chalutier d'Audierne) et le *Trézien* (chalutier semi-industriel de l'ACF passé à l'armement Sparfel en 1997). Photo Gino Provost

3. Passé à Boulogne-sur-Mer, toujours pour Furic, il est renommé en 2001 *Margaux I*. Peu de temps après que l'armement ait été repris par Intermarché, en 2002 le chalutier est victime d'un incendie dans le port. Il ne pourra pas être réparé et sera sorti de flotte quelques mois après (photo Bernard Bouguéon).

1

2

3

RAVEL (CC 683177, GV 683177)

Le *Ravel* a été construit en 1986 au chantier naval Bretagne Sud à Belz-Pont Lorois (Morbihan). C'est un ancien chalutier de Concarneau racheté par l'armement Furic en 1999.

1. *Ravel* dans le port de Concarneau, peint aux couleurs Furic (photo Christian Signor, Treizour).
2. Le *Ravel* en escale dans le port de Douarnenez en 2004. Il est peint aux couleurs Furic Intermarché (photo Philippe Malpertu).
3. Le *Ravel* en révision sur le slipway de Concarneau en 2007. Il arbore les couleurs de la Scapêche (photo Philippe Malpertu).

ST HUBERT (LR 783644, GV 783644)

Le St Hubert a été construit en 1991 au CRNP (Chantier de réparation navale de Paimboeuf) et fut auparavant immatriculé à La Rochelle. Long de 22,80 mètres, il a été acheté par l'armement Furic en 1998.

1 & 2. Le *St Hubert* sous les couleurs rochelaises (photo Christian Signor, Treizour).

3. Le *St Hubert* accosté à la criée de la Rochelle (photo Jack Daussy).

1

2

3

1. *Le St Hubert* quitte le port du Guilvinec pour une campagne de pêche.
2. En révision sur le slipway de Douarnenez en 2005, *Effera* et *St Hubert*.
3. Aux côtés du *Barr Avel*, bolincheur de Concarneau, le *St Hubert* est en carénage en 2007 sur le slipway de Douarnenez.
4. Le *St Hubert* dans le port de Douarnenez en 2007 après une révision. Le chalutier est peint aux couleurs de la Scapêche.

Photos Philippe Malpertu

3

4

TALION (LR 783937, GV 783937, BA 783937)

Le *Talion* est un ancien chalutier de La Rochelle construit en 1991. Il a été racheté par Furic en 1998. C'est le dernier acquis par l'armement. Tout comme L'*Albatros*, il est passé à Hendaye (quartier maritime de Bayonne) en 2004. Long de 20,78 mètres, il a été construit au Chantier du Ponant à La Rochelle en 1991.

1. Photo Christian Signor, Treizour

2 & 3. Le *Talion* en 2007 dans le port de Saint-Jean-de-Luz (photos Jean-Pierre Dupuy).

TOUTATIS (LR 684255 PUIS GV 684255)

Le *Toutatis* a été construit en 1986 au chantier naval Union et Travail (aux Sables d'Olonne), il était long de 24,90 mètres. Il a débuté sa carrière à La Rochelle. En 1997, il est renommé *Maeve Grace* lors d'un court passage sous pavillon irlandais. En passant au Guilvinec en 1998, il reprend le nom de *Toutatis*. Rare exemple d'un bateau français parti en Irlande puis revenu en France.

1. *Toutatis* dans le port de Douarnenez, peint aux couleurs Furic (photo Christian Signor, Treizour).

2. *Toutatis* débarquait souvent sa pêche à Douarnenez où on le voit ici en 2003 (photo Malpertu).

1

2

1, 2, 3 & 4. *Toutatis* à Douarnenez. Durant plusieurs mois en 2006, *Toutatis* et *Effera* (photo 1) ont pêché en « bœufs », c'est-à-dire en tirant conjointement un seul et même chalut. Ils débarquaient leur pêche à Lorient (photos Philippe Malpertu).

1, 2 & 3. Désarmé, le *Toutatis* attend la sortie de flotte dans le port de Douarnenez. Il a été cassé fin 2006 dans le cadre d'un plan national de sorties de flotte (photos Philippe Malpertu).

ZUBERNOA (BA 724521, GV 724521)

Le *Zubernoa* dans le port de Concarneau. Il est aux couleurs Furic avant la période Intermarché. C'est un ancien chalutier du quartier maritime de Bayonne construit en 1990 au chantier naval Barde Aquitaine à Anglet. Sa longueur est de 23,10 mètres.

1. Photo Patrick Neveu
2. Le *Zubernoa* à quai dans le port de Douarnenez en 2004. Il a été acheté par l'armement Furic en 1998 (photo Philippe Malpertu).
3. Départ en pêche du *Zubernoa* en 2006. Il est peint aux couleurs de la Scapêche (photo Aurélien Cormier).

1

2

3

L'armement Comata

La Comata (Compagnie maritime des Terres Australes) a son siège à Paris, ce qui est peut paraître étonnant pour un armement à la pêche. Fondée en 1992, elle fait partie du groupe ITM Entreprises (Intermarché). Elle a armé trois unités de pêche : le chalutier de grande pêche *Kerguelen de Tremarec* (ex-*Commandant Gué*) et les palangriers *Antarctic I* et *Île de la Réunion*. Ce dernier est actuellement le seul navire de l'armement Comata. Ces bateaux pêchent ou pêchaient sous licence essentiellement les espèces des grands fonds comme la légine au milieu des ZEE (zones économiques exclusives) des archipels de Kerguelen et Crozet dans les TAAF (Terres Australes et Antarctiques françaises). Actuellement, sept grands palangriers français opèrent dans ces zones économiques.

La légine est un poisson dont la chair est très recherchée en Extrême-Orient. Une tentative d'introduction a été tentée dernièrement en Europe mais en raison de son prix assez élevé, la consommation de ce poisson ne s'est pas très répandue.

Ainsi, pour exemple, de septembre 1996 à juin 1997, la Comata fut autorisée à chaluter 1 950 tonnes de légine dans la zone des TAAF et des Kerguelen. Pour la campagne 1997-1998, le *Kerguelen de Tremarec* fut autorisé à pêcher 1 900 tonnes de légine et 250 tonnes de poisson des glaces.

La Comata marque les débuts des investissements d'Intermarché dans le secteur de la pêche. Le premier navire fut le *Commandant Gué*, rebaptisé *Kerguelen de Tremarec*, et acquis en 1993 auprès de l'armement fécampois Leporc. Le chalutier ne fut jamais immatriculé à Fécamp et Intermarché dut aller le chercher au Panama, côté Océan Pacifique, où il était stationné. Le *Commandant Gué* avait commencé sa carrière en 1975 pour l'armement bordelais La Pêche au large – Jean Vidal qui deviendra la SNPL (Société nouvelle des pêches lointaines) par regroupement avec un autre armement : Pêcheries de Bordeaux-Bassens. Ce bateau, long de 87 mètres, a été construit au chantier naval Esercizio Cantieri de Viareggio en Italie. En 1989, il est vendu à l'armement Leporc et immatriculé aux îles Saint-Vincent et Grenadines.

Acheté puis rapatrié par Intermarché début 1993, il est refondu au chantier naval Piriou à Concarneau puis immatriculé aux Îles de Kerguelen. À l'automne de la même année, il part dans les TAAF où il pêchera la légine jusqu'en 2002. Affrété puis acheté par des intérêts mauriciens, il sera ensuite rapidement vendu à un armement portugais. Son nom actuel est *Kerguelen* et il pêchait toujours en 2007 dans les mers d'Atlantique Nord et Mer de Barents (armement inconnu). En 2005, il fut accusé par l'Union européenne de pratiquer la pêche illégale ; le bateau étant alors sous pavillon togolais.

En 2002, la Comata met en service un palangrier nommé *Île de la Réunion* et basé sur cette île. Construit en 2001 au chantier naval Piriou de Concarneau, cette unité, longue de 55,50 mètres, à l'instar des deux autres, pêche la légine et le grenadier dans des grands fonds de 500 mètres à 2 000 mètres dans les zones des ZEE de Kerguelen et Crozet. Il est immatriculé FK 924320.

Pour faire la transition entre le *Kerguelen de Tremarec* et l'*Île de la Réunion*, la Comata affréta durant un an un palangrier d'origine norvégienne, l'*Antarctic I* (ex-*Seljevaer*, construit en 1998, immatriculé FK 924306), entre août 2001 et août 2002.

Comme les autres armements du groupe, la Comata fait partie de la Scapêche et en arbore dorénavant le sigle de l'autre côté de la planète. Pour la campagne 2007-2008, le TAC (total autorisé de capture) de légine est de 6 000 tonnes sur les zones de Kerguelen et de Crozet. Ce quota est partagé entre six armements dont 935 tonnes pour la Comata-Scapêche.

KERGUELEN DE TREMAREC – COMMANDANT GUÉ (BX 237356, FK 237356)

1. Le *Commandant Gué* accosté aux côtés de l'Islande du temps de la SNPL à Bordeaux dans les années 1970. Long de 86,50 mètres, il jauge 1 177 tonneaux. Il était équipé à l'origine de deux moteurs pour 2 100 ch.

2. En 1989, au moment du rachat par l'amement Leporc, le *Kerguelen de Tremarec* passa quelques temps à Fécamp mais n'y fut jamais immatriculé.

3. Le *Commandant Gué* en manœuvre dans le port de Fécamp.

Photos Jack Daussy

4. À bord du *Kerguelen de Tremarec* en pêche en 1994. Le chalutier doit son nom à celui de l'explorateur français du XVIIIe siècle (photo Jacques Samuel).

1

2

3

4

1. Le chalutier *Kerguelen de Tremarec* dans la rade du Port ; il quitte définitivement l'Île de la Réunion en janvier 2003 (photo coll. part.).
2. Le *Kerguelen de Tremarec* à Port Louis (Île Maurice) sous pavillon mauricien (photo coll. part.).
3. *Kerguelen* dans le port Gafanha de Nazaré, Aveiro (Portugal) en juillet 2006 (photo Antonio Gaspar).

1

2

3

ÎLE DE LA RÉUNION (FK 924320)

1. Le palangrier *Île de la Réunion* en cours de finition dans le port de Concarneau. Il porte encore les couleurs vertes de l'armement Intermarché avant la Scapêche. Il a été construit au chantier naval Piriou en 2001 (photo Jack Daussy).

2. L'*Île de la Réunion* : jauge brute de 1 207,02 tonneaux pour une longueur de 55,50 mètres. Il a reçu les couleurs désormais de rigueur des bateaux de la Scapêche. Ici au Port (La Réunion). Photo collection particulière

3. Le palangrier *Île de la Réunion* en pêche. Les palangriers Francais pêchent dans les ZEE des Kerguelen et Crozet à la palangre de fond, de 500 à 2 000 mètres. Les espèces ciblées sont la légine et le grenadier. La capacité de congélation est de 350 tonnes (photo Thierry Marc).

1. Route pêche pour l'*Île de la Réunion* en pleine mer australe. Le bateau, baptisé le 20 juin 2002 a un équipage composé de 30 marins. Les marées durent de deux à trois mois (photo Scapêche).

2. En pêche, manœuvre des palangres sur l'*Île de la Réunion*. Le bateau est capable de fileter et de congeler un poisson moins d'une heure après sa pêche (photo Thierry Marc).

ANTARCTIC I (FK 924306)

Construit en 1998 en Norvège, l'*Antarctic I* navigua pour la Comata durant un an (photos 1 Thierry Marc, 2 coll. part.).

1

2

La Scapêche

En 2005, Intermarché réunit tous ses armements de pêche sous un seul vocable : la Société centrale des Armements mousquetaires à la Pêche, ou Scapêche. Ceci dans le souci d'améliorer la gestion des navires puisque tous les bateaux, hormis ceux anciennement Furic et le palangrier de la Comata, ont été regroupés sur Lorient. Un seul nom permet également de mieux valoriser le produit pêché auprès de la distribution. Intermarché est un des rares exemples de volonté d'intégration de toute la chaîne de traitement du poisson, de la production jusqu'à la commercialisation en grande surface. En peu de temps, tous les bateaux des flottilles du groupe sont repeints aux couleurs du groupe : rouge et bleu foncé.

En 2005, de nouveaux bateaux sont mis en chantier pour renouveler la flottille vieillissante. Une série de quatre chalutiers est prévue. Finalement trois unités seront construites au chantier naval Piriou à Concarneau. Elles vont remplacer les 54 mètres Pétrel et les plus anciens 38 mètres Sparfel. Un des buts affichés est d'augmenter la rentabilité des navires grâce à des unités plus modernes. En effet, les frais de maintenance et de réparation des Pétrel et Sparfel dépassaient 20 % du chiffre d'affaires.

En 2006, la flottille comptait une vingtaine d'unités. En 2008, elle devrait être recentrée sur quinze chalutiers et un palangrier.

Une usine de transformation du poisson, Capitaine Houat, a été crée par le groupe en 1988. Elle est implantée à Lorient et à Boulogne-sur-Mer. Elle traite annuellement 8 500 tonnes de poissons et 2 000 tonnes de crevettes. Une autre marque, Capitaine Cook (à Plozévet et Doëlan) élabore également des produits alimentaires issus de la mer.

La Scapêche est donc composée actuellement des trois nouveaux chalutiers, des ex-unités des armements Nicot et Furic et du grand palangrier opérant depuis La Réunion. À l'instar d'autres armements, la société de pêche s'est engagée depuis 2005 dans une démarche de « pêche responsable » incluant des contrôles indépendants portant sur la sécurité des équipages et la sécurité sanitaire et la préservation de la ressource. Cette démarche a été entamée avec le palangrier austral *Île de la Réunion*. Elle va porter ensuite sur toute la flottille.

Le 12 janvier 2005, le premier chalutier de 46 mètres est baptisé. Il s'agit du *Mariette Le Roch II*. Il partira faire une première marée cinq jours après. En avril, le *Jean-Claude Coulon II*, et en août, le *Jack Abry II*, du nom d'un des fondateurs du groupe des Mousquetaires, sont mis en service. Les chalutiers de l'ancienne flottille Sparfel et Pétrel sont soit vendus, soit cassés. Seul reste le plus récent, le *Mariette le Roch*, ex-*Pors Ar Vag*, qui, d'ailleurs, ne reprendra pas la mer. C'est grâce à ces sorties de flotte que la Scapêche a pu récupérer les kilowatts nécessaires à la construction des nouvelles unités. En effet, la réglementation subordonne la construction de nouveaux bateaux de pêche à la sortie de flotte nationale d'un équivalent exprimé en puissance moteur.

Ces dernières années, devant les crises pétrolières à répétition et aussi devant la montée d'exigences environnementales, la consommation et le coût du carburant sont déterminants pour les armements, surtout ceux composés de chalutiers ; bateaux gourmands en gazole. La rentabilité des navires est remise en cause et les armements réfléchissent à des solutions comme, par exemple, la reconversion vers d'autres modes de pêche ou l'utilisation de moteurs ou d'engins de pêche plus économes, visant également à réduire le coût de l'entretien.
Cela s'est concrétisé pour la Scapêche au 1er semestre 2008 par l'acquisition de trois chalutiers d'occasion mais de construction récente et donc de conception plus moderne. Il s'agit d'un bateau irlandais, le *Deborah M* rebaptisé *Fasnet* et de deux unités immatriculées à Bayonne, les *Bougainville* et *La Pérouse*. Parallèlement, plusieurs unités anciennes ont été vendues ou sorties de flotte à l'occasion d'un plan. D'autres seront refondues pour s'adapter aux nouvelles conditions du secteur.

Les chalutiers de 46 mètres de la Scapêche

Issues du même moule, ces trois unités métalliques ont des caractéristiques communes et il est bien difficile pour un profane de les distinguer si ce n'est grâce à leur nom et leur matricule. Leur longueur exacte est de 45,90 mètres pour une puissance de 1 850 kW et un tonnage GT de 1 000. Si le premier, le *Mariette le Roch II*, a été entièrement construit à Concarneau, la coque des deux suivants a été construite en Pologne. Ils sont équipés d'un grand chalut qui optimise le rapport entre consommation de gazole et quantité de poissons pêchés. Les zones de pêche se situent dans les mers à l'ouest de l'Écosse et de l'Irlande. Les espèces ciblées sont celles des grands fonds : grenadier, siki, lingue et sabre.

Les trois chalutiers fonctionnent en base avancée et rotation des équipages par avion comme auparavant ceux des armements Pétrel et Sparfel. Les débarquements ont lieu à Lochinver ou Stornoway en Écosse. Le poisson est conditionné à bord des bateaux et arrive par camion à Lorient. Chaque bateau a un équipage attitré composé de 19 marins : 14 en mer et 5 en repos en fonction des rotations. Hors incident particulier, les bateaux ne reviennent à Lorient ou Concarneau pour entretien qu'une fois par an.

JACK ABRY II (LO 924831)

Ci-dessous, le *Jack Abry II* lors de son neuvage, prés du chantier naval Piriou à Concarneau durant l'été 2005 (photo Noël-Luc Bosser).

La série des trois chalutiers est rarement visible en même temps. Ce fut pourtant le cas à Lorient en novembre 2007 lors de la grève des marins-pêcheurs protestant contre la hausse du carburant. En enfilade, avec au premier plan, le *Jean-Claude Coulon II* suivi du *Mariette Le Roch II* et enfin le *Jack Abry II* (photos Jacques Le Sager).

JEAN-CLAUDE COULON II (LO 924832)

1. Le *Jean-Claude Coulon II* lors de son premier carénage en février 2006 en cale sèche au bout du bassin du Moros (port de Concarneau). Photo Philippe Madiot

2. *Jean-Claude Coulon II* en base avancée à Lochinver en 2007 (photo Sean Glackin).

3. *Le Jean-Claude Coulon II* en carénage (photo Philippe Madiot).

MARIETTE LE ROCH II (LO 924826)

1. 2 février 2008 : le *Mariette Le Roch II* effectue des essais en rade de Lorient après plusieurs jours de maintenance à quai. Il va bientôt repartir en campagne de pêche (photo Jacques Le Sager).

2. Le *Mariette Le Roch II* en relâche au nord de l'Écosse, dans l'archipel des Orcades (photo Sean Glackin).

3. Le *Mariette Le Roch II* en rade de Lorient. Le chalutier a été lancé à Concarneau le 12 janvier 2005. C'est le premier des trois chalutiers de 46 mètres à être lancé. Les deux autres le seront au cours de l'année (photo Jacques Le Sager).

1

2

3

FASNET (LO 926611)

Le *Fasnet* est l'ancien *Deborah M* du quartier de Skibbereen (Irlande). C'est un chalutier pélagique en acier, long de 27,80 mètres et construit en 2000 en Espagne. Il va contribuer au renouvellement d'une partie de la flottille Intermarché vers des unités plus modernes.

1 & 2. Entre *Deborah M* et *Fasnet*, le nouveau chalutier de la Scapêche en travaux sur le slipway de Lorient en juillet 2008. Il est repeint aux couleurs « maison » (photos Philippe Madiot).

3. Le *Fasnet* dans le port de Lorient-Kéroman. Son nouveau nom et son immatriculation ne sont pas encore peints (photo Philippe Burguin).

1

2

3

BOUGAINVILLE (BA 922683) ET LA PÉROUSE (BA 922678)

Ces deux chalutiers sister-ships en acier (longueur de 23,96 mètres) ont été construits par le chantier naval Merré de Nort-sur-Erdre (Loire-Atlantique). Ils étaient jusqu'à présent la propriété de la SAPL (Société d'armement à la pêche luzienne) située à Saint-Jean-de-Luz (quartier de Bayonne).

Ils seront dorénavant exploités depuis Le Guilvinec, à l'instar de l'ex-flottille Furic, et pratiqueront le même métier qu'à Bayonne : la pêche au thon l'été et le chalutage de fond « en bœufs » le reste de l'année.

1. Le *Bougainville*, en escale pour réparations à Saint-Nazaire, a été construit en 2004 (photo Philippe Madiot).

2. Le *Bougainville* en escale à Saint-Nazaire début 2008 (photo Philippe Madiot).

3. *La Pérouse* à Saint-Jean-de-Luz. Il a été construit en 2003 (photo Jean-Pierre Dupuy).

4. *La Pérouse* en escale à Lorient en 2006 (photo Philippe Madiot).

En haut, zone de pêche ACF, du thon, dans l'Océan Indien. En bas, zone de chalutage ACF dans l'Atlantique Nord.

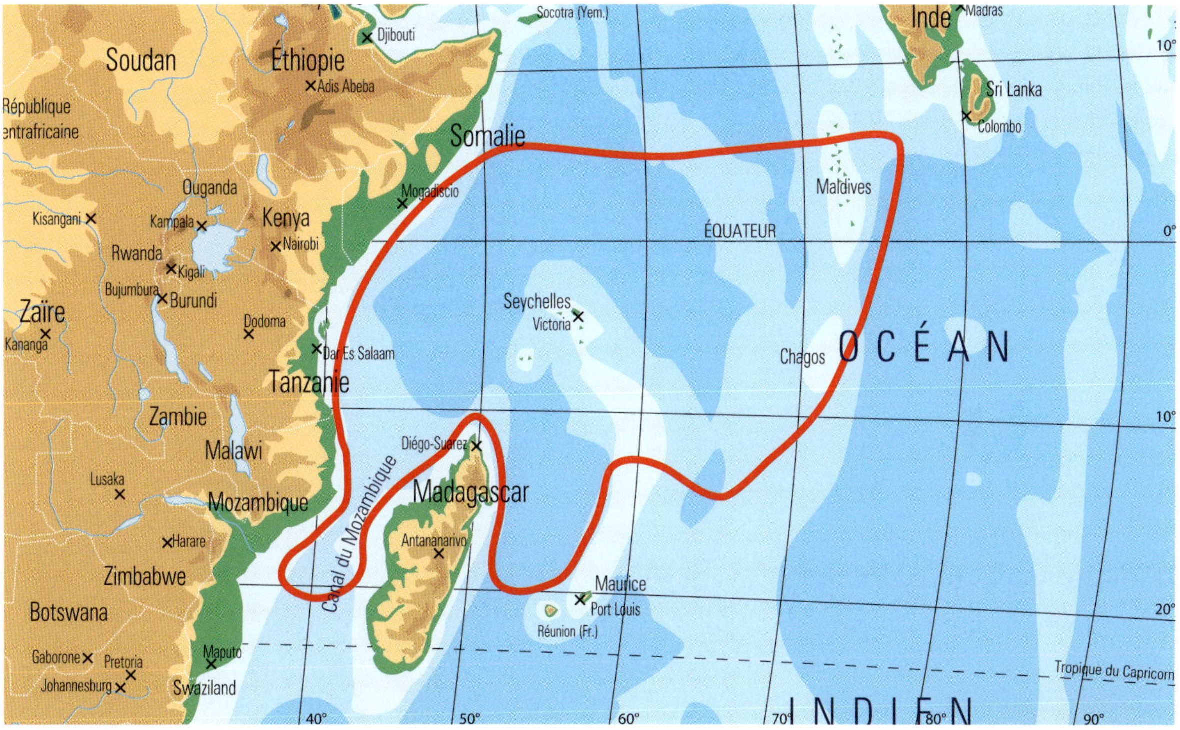

Liste des bateaux cités

NOM	IMMATRICULATION	ANNÉE*	TYPE	LONGUEUR	CHANTIER NAVAL	PAGE
Adhara	231431	1966	Chalutier	33,25 mètres	SICCNa à Saint-Malo	14
Agora	545336	1981	"	34,80 mètres	Stocznia Ustka à Ustka (Pologne)	39
Aïda	DAK 701	1971	Thonier senneur	47,50 mètres	SICCNa à Saint-Malo	61
Albert Granet	193801	1973	Chalutier	54 mètres	Commune de Paris à Gdynia (Pologne)	80
Allegro	115959	1973	"	35,40 mètres	SICCNa à Saint-Malo	94
Alya	785720	1992	"	24,90 mètres	Vergoz à Concarneau	135
Amaryllis	318191	1965	"	33,25 mètres	SICCNa à Saint-Malo	92
An Diou Bleizi	730706	1990	"	23,95 mètres	Glehen Léon à Pont l'Abbé	136
An Durzunell	365123	1977	"	16,20 mètres	Hénaff au Guilvinec	132
An Oriant	184929	1975	"	38,50 mètres	CNR (Chantiers navals réunis) à Courseulles-sur-Mer	28
Ancolie	244165	1967	"	33,25 mètres	SICCNa à Saint-Malo	92
Antarctic I	924306	1998	Palangrier	46,60 mètres	Blaalid AS (Norvège)	163
Anthemis	683098	1987	Chalutier	34,54 mètres	Constructions Mécaniques de Normandie à Cherbourg	95
Ar Guerveur	4195	1967	"	33,25 mètres	SICCNa à Saint-Malo	16
Armen	584571	1983	Thonier senneur	54 mètres	Ateliers et chantiers de la Manche à Saint-Malo	62
Avel A Benn	642405	1985	Chalutier	20,50 mètres	Piriou à Concarneau	73
Baccara	318346	1972	"	33,25 mètres	SICCNa à Saint-Malo	96
Bougainville	922683	2004	"	23,96 mètres	Merré à Nort-sur-Erdre	170
Bruix	341169	1972	"	54 mètres	Commune de Paris à Gdynia (Pologne)	76
Cadet	318174	1975	"	30 mètres	CN Franco-Belge à Villeneuve-la-Garenne	66
Cap Sizun	184558	1972	"	75,50 mètres	Martinas de Axpe à Bilbao (Espagne)	62
Castel Coz	184572	1973	"	38 mètres	CNR (Chantiers navals réunis) à Courseulles-sur-Mer	23
Castel Coz	644519	1985	"	24 mètres	Forges Caloin à Etaples	137
Castel Meur	184926	1975	"	37 mètres	CNR (Chantiers navals réunis) à Courseulles-sur-Mer	24
Chenonceaux	184977	1963	"	30 mètres	Ateliers et chantiers de La Rochelle-Pallice	67
Chevalier d'Assas	193890	1973	"	54 mètres	Commune de Paris à Gdynia (Pologne)	82
Christ-Maria	184975	1968	"	18,30 mètres	Chantier de Cornouaille à Douarnenez	17
Claude Moinier	193890	1973	"	54 mètres	Commune de Paris à Gdynia (Pologne)	82
Claude Moinier II	683453	1987	"	32,80 mètres	Piriou à Concarneau	119

NOM	IMMATRICULATION	ANNÉE*	TYPE	LONGUEUR	CHANTIER NAVAL	PAGE
Commandant Gué	237356	1975	Chalutier	87,19 mètres	Esercizio Cantieri à Viareggio (Italie)	158
Concerto	318347	1972	"	33,25 mètres	SICCNa à Saint-Malo	98
Croix de Lorraine	521702	1970	"	46,55 mètres	Ateliers et chantiers de la Manche à Dieppe	18
Cuca	184574	1974	Palangrier	36,93 mètres	CNR (Chantiers navals réunis) à Courseulles-sur-Mer	44
Dagmara	545011	1981	Chalutier	34,80 mètres	Stocznia Ustka à Ustka (Pologne)	41
Danaé	184573	1973	"	38 mètres	CNR (Chantiers navals réunis) à Courseulles-sur-Mer	30
Directeur Alloy	184993	1968	"	33,15 mètres	SICCNa à Saint-Malo	15
Directeur Chatté	185095	1973	"	38 mètres	CNR (Chantiers navals réunis) à Courseulles-sur-Mer	26
Directeur Terrin	4727	1966	"	33,25 mètres	SICCNa à Saint-Malo	14
Effera	785315	1990	"	24,90 mètres	Vergoz à Concarneau	139
Elcano	317408	1966	"	26 mètres	SICCNa à Saint-Malo	68
Elsinor	115960	1975	"	35,40 mètres	"	100
Eurêka	683096	1985	"	34,54 mètres	Chantiers Mécaniques de Normandie à Cherbourg	110
Fasnet (ex-Deborah M)	S 345 (en Irlande)	2000	"	27,80 mètres	Espagne	169
Frédéric-Carole	193800	1973	"	54 mètres	Commune de Paris à Gdynia (Pologne)	77
Frédéric-Nathalie	555191	1982	"	20,60 mètres	Piriou à Concarneau	69
Galaxie	291634	1975	"	35,40 mètres	SICCNa à Saint-Malo	101
Gravinez	184770	1974	"	43 mètres	CNR (Chantiers navals réunis) à Courseulles-sur-Mer	31
Gwen Drez	278970	1975	"	24,50 mètres	CNR (finition) à Courseulles-sur-Mer	36
Heliotrope	752559	1990	"	33,80 mètres	Piriou à Concarneau	111
Hémérica	318260	1957	"	31,80 mètres	CN des Forges de l'Ouest à Saint-Nazaire	93
Hibernia	642973	1988	"	22 mètres	Vergoz à Concarneau	133
Ikara	642405	1985	"	20,50 mètres	Piriou à Concarneau	73
Île de la Réunion	924320	2001	Palangrier	55,50 mètres	Piriou à Concarneau	161
Île de Sein	185168	1970	Chalutier	47,50 mètres	SICCNa à Saint-Malo	60
Île Tristan	184776	1974	Thonier senneur	54,25 mètres	Constructions Mécaniques de Normandie à Cherbourg	63
Jack Abry	184927	1975	Chalutier	38 mètres	CNR (Chantiers navals réunis) à Courseulles-sur-Mer	47
Jack Abry II	924831	2005	"	45 mètres	Piriou à Concarneau	165
Jean Leclerc	184575	1974	"	38,75 mètres	CNR (Chantiers navals réunis) à Courseulles-sur-Mer	49
Jean-Claude Coulon	184574	1974	Chalutier	36,93 mètres	CNR (Chantiers navals réunis) à Courseulles-sur-Mer	44

NOM	IMMATRICULATION	ANNÉE*	TYPE	LONGUEUR	CHANTIER NAVAL	PAGE
Jean-Claude Coulon II	924832	2005	"	45 mètres	Piriou à Concarneau	167
Jean-Germaine	193801	1973	"	54 mètres	Commune de Paris à Gdynia (Pologne)	80
Jean-Marc	245042	1972	"	54 mètres	Commune de Paris à Gdynia (Pologne)	84
Jean Rioton	245042	1972	"	54 mètres	Commune de Paris à Gdynia (Pologne)	84
Jean Sebastien III	686351	1987	"	24,10 mètres	Vergoz à Concarneau	140
Jiminy	291636	1975	"	35,40 mètres	SICCNa à Saint-Malo	102
Julien Coléou	911288	2000	"	30,10 mètres	Piriou à Concarneau	116
Kas Dei	642973	1988	"	22 mètres	Vergoz à Concarneau	133
Kereil	555191	1982	"	20,60 mètres	Piriou à Concarneau	69
Kereon	184574	1974	"	36,93 mètres	CNR (Chantiers navals réunis) à Courseulles-sur-Mer	44
Kerguélen de Trémarec	237356	1975	"	87,19 mètres	Esercizio Cantieri à Viareggio (Italie)	158
Kerose	555233	1982	"	20,30 mètres	Piriou à Concarneau	70
Kersiny	278969	1975	"	24,50 mètres	CNR (finition) à Courseulles-sur-Mer	37
Ksora	785715	1991	"	24,90 mètres	Vergoz à Concarneau	
La Conchée	735820	1989	"	24 mètres	"	141
La Marie-Josèphe	584850	1986	"	23,40 mètres	Piriou à Concarneau	72
L'Albatros	684186	1985	"	20,79 mètres	Atelier du Bastion aux Sables d'Olonne	143
Landora	752562	1990	"	33,80 mètres	Piriou à Concarneau	114
Languedoc	318236	1955	"	34,50 mètres	CN des Forges de l'Ouest à Saint-Nazaire	93
Le Castor	684368	1986	"	20,80 mètres	Atelier du Bastion à La Rochelle	145
La Pérouse	922678	2003	"	23,96 mètres	Merré à Nort-sur-Erdre	170
Le Royale	642586	1987	"	24,95 mètres	Forges Caloin à Etaples	134
Le Stiff	185147	1965	"	31,85 mètres	SICCNa à Saint-Malo	11
Lesivy	683777	1988	"	32,80 mètres	Piriou à Concarneau	124
L'Espoir du Marin	185147	1965	"	31,85 mètres	SICCNa à Saint-Malo	11
Locqueran	278968	1975	"	24,50 mètres	CNR (finition) à Courseulles-sur-Mer	38
Maine	QMC 005/06	1973	"	54 mètres	Commune de Paris à Gdynia (Pologne)	82
Margaux I	514554	1980	"	20,60 mètres	Glehen Pierre au Guilvinec	147
Mariette Le Roch	639524	1983	"	37,70 mètres	Ateliers et chantiers de la Manche à Dieppe	51
Mariette Le Roch II	924826	2005	"	45 mètres	Piriou à Concarneau	168
Martolod Breizh	514554	1980	"	20,60 mètres	Glehen Pierre au Guilvinec	147
Mélodie	544928	1981	"	34 mètres	Constructions Mécaniques de Normandie à Cherbourg	104
Men Brial	291662	1967	"	33,25 mètres	SICCNa à Saint-Malo	16
Montcalm	318665	1976	"	43,35 mètres	Ateliers et chantiers de la Manche à Dieppe	77

NOM	IMMATRICULATION	ANNÉE*	TYPE	LONGUEUR	CHANTIER NAVAL	PAGE
Narval	185092	1968	Chalutier	18,20 mètres	Chantier de Cornouaille à Douarnenez	17
Opéra	544930	1981	"	34 mètres	Constructions Mécaniques de Normandie à Cherbourg	106
Pêcheur Breton	114908	1961	Cargo frigorifique	84,20 mètres	SCHPS. De Hoop à Lobith (Pays Bas)	35
Pétrel	Non indiqué	1981	Fishcarrier	83 mètres	Cadagua (Espagne)	87
Pierjuka	555233	1982	Chalutier	20,30 mètres	Piriou à Concarneau	70
Pierre Nicot	911288	2000	"	30,10 mètres	Piriou à Concarneau	116
Pierre-Jacques Matigny	683454	1987	"	32,80 mètres	Piriou à Concarneau	126
Pors Ar Vag	639524	1983	"	37,70 mètres	Ateliers et chantiers de la Manche à Dieppe et CNR	51
Pors Melen	184927	1975	"	38 mètres	CNR (Chantiers navals réunis) à Courseulles-sur-Mer	47
Pors Piron	184928	1975	"	38 mètres	"	25
Pors Poulhan	639645	1986	"	35,20 mètres	Ateliers et chantiers de la Manche à Saint-Malo	33
Pors Tarz	639646	1986	"	35,20 mètres	"	34
Pors Théolen	184929	1975	"	38,50 mètres	CNR (Chantiers navals réunis) à Courseulles-sur-Mer	28
Président Calvez	185093	1973	"	38 mètres	"	29
Président Lacour	185175	1971	Thonier senneur	47,50 mètres	SICCNa à Saint-Malo	61
Rabelais	683453	1987	Chalutier	32,80 mètres	Piriou à Concarneau	119
Raoulic	317408	1966	"	26 mètres	SICCNa à Saint-Malo	68
Rapsodie	683097	1985	"	34,54 mètres	Constructions Mécaniques de Normandie à Cherbourg	122
Ravel	683177	1986	"	23,85 mètres	CN Bretagne Sud à Belz	148
Ronsard	683777	1988	"	32,80 mètres	Piriou à Concarneau	124
Sainte Rita	Non indiqué	1981	"	34 mètres	Constructions Mécaniques de Normandie à Cherbourg	107
Santa Maria	584559	1982	Thonier senneur	54 mètres	Ateliers et chantiers de la Manche à Saint-Malo	64
Simon Kéghian	165414	1972	Chalutier	54 mètres	Commune de Paris à Gdynia (Pologne)	85
Simon Kéghian II	683097	1985	"	34,54 mètres	Constructions Mécaniques de Normandie à Cherbourg	122
St Hubert	783644	1991	"	22,80 mètres	CRNP (ex-Chauvet) à Paimboeuf	149
Sylvanna	318345	1972	"	33 mètres	SICCNa à Saint-Malo	108
Symphonie	544929	1981	"	34 mètres	Constructions Mécaniques de Normandie à Cherbourg	109
Talion	783937	1991	"	20,78 mètres	Chantier du Ponant à La Rochelle	152
Télémaque	730706	1990	"	23,95 mètres	Glehen Léon à Pont l'Abbé	136
Tévennec	185028	1965	"	31,85 mètres	SICCNa à Saint-Malo	13

NOM	IMMATRICULATION	ANNÉE*	TYPE	LONGUEUR	CHANTIER NAVAL	PAGE
Thierry-Pascal	165414	1972	Chalutier	54 mètres	Commune de Paris à Gdynia (Pologne)	85
Toutatis	684255	1986	"	24,90 mètres	Union et Travail aux Sables d'Olonne	153
Trescadec	184573	1973	"	38 mètres	CNR (Chantiers navals réunis) à Courseulles-sur-Mer	30
Trezien	184575	1974	"	38,75 mètres	CNR (Chantiers navals réunis) à Courseulles-sur-Mer	49
Veronika	555232	1982	"	20,60 mètres	Piriou à Concarneau	71
Vili	176254	1965	"	31,25 mètres	Chantier naval La Rochelle-Pallice	68
Villa Eustasia	Pas d'imm.	1981	Fishcarrier	83 mètres	Cadagua (Espagne)	87
Villon	683454	1987	Chalutier	32,80 mètres	Piriou à Concarneau	126
Zubernoa	724251	1990	"	23,08 mètres	Barde Aquitaine à Hendaye	156

*Année de construction

Sources bibliographiques

Le Marin (hebdomadaire de l'actualité maritime)
Bilan des Ports de pêche (Hors série annuels du *Marin* 2000 à 2006)
France-Eco-Pêche (revue)
L'annuaire de l'armement à la pêche, éditions Moreux, de 1957 à 1992
Le Guide de l'armement à la pêche et des fournisseurs navals, éditions Le Marin-Infomer, depuis 1998
Analyse des structures de la pêche dans les ports de la Côte Atlantique de 1961 à 1975 par A. Guillou et J. C. Njock (document Ifremer)
Douarnenez, de 1800 à nos jours, par Jean-Michel Le Boulanger, Editions PUR
Histoire des pêches maritimes en France, sous la direction de Michel Mollat, 1987, Éditions Privat
La pêche bretonne 1994, par Jean-René Couliou, Éditions PUR
Le Chasse Marée n° 9 (témoignage de Joël Perrot sur le chalutage, 1983.
Le Chasse Marée n° 130 (« Les Furic du Guilvinec » par Pierre Portais, 1999)
Les bateaux de pêche de Bretagne, par Hervé Gloux et Jean-Yves Manach, 1976, Editions Fayard
Mémoire de la ville de Douarnenez n° 30 « Spécial port de pêche » 1998
ACF, la pêche : notre métier, brochure de l'armement 1987
Mémoires englouties, tome 1 « Plongées – Histoire sur les épaves du Finistère » par Bruno Jonin et Paul Marec. Édité en 1994 par ASEB Édition
La flotte frigorifique française, publié en 1990 par Hans PEDERSEN à compte d'auteur
Pêche et piraterie dans les quarantièmes rugissants, par Marcel Barbarin, Éditions Ouest-France

Table des matières

Éditions Babouji - MDV Maîtres du Vent

1 bis hameau de Tanqueue 78410 La Falaise Tél. : 00 33 (0)1 30 90 10 45
editionsmdv@yahoo.fr
www.editions-mdv.com
Retrouvez notre actualité sur le blog *www.maitres-du-vent.blogspot.com*

Archives maritimes

LA FIN DE FRANCE de Daniel Hillion
TITANIC, Destination désastre, de John Eaton et Charles Haas
LA ROYALE de Jean Randier de l'Académie de Marine (un seul volume regroupant *La Vergue et le sabord*, *L'éperon et la cuirasse* et *La Torpille et le missile*)
L'ANTIQUAIRE DE MARINE de Jean Randier
L'INSTRUMENT DE MARINE de Jean Randier
L'ALBUM TITANIC du R.P. Browne de O. Donnell
LE DRAME DU GRANDCAMP de Jean-Yves Brouard
BOUTEILLES À LA MER, la tradition du bateau en bouteille de Max Truchi
HOMMES ET NAVIRES AU CAP HORN de Jean Randier
GRANDS VOILIERS FRANÇAIS de Jean Randier
IPHIGÉNIE, journal de bord (1899-1900) de l'aspirant Charles Millot (alias Gervèse) par Jacques Schirmann
CHRONIQUE TRANSATLANTIQUE, des hommes et des navires qui l'ont marquée de Charles Offrey
FLOTTILLES SECRÈTES, liaisons maritimes clandestines en France et Afrique du nord, 1940-1944, de Sir Brooks Richards
HARDES ET UNIFORMES DE MATELOTS (de Louis XIV à 1937) de Letrosne et Goichon
DRAMES DE LA MER de Jean-Paul Ollivier

Monographies

CAR FERRIES CONSTRUITS EN FRANCE / FRENCH BUILT CAR FERRIES de Gilles Barnichon et Didier Noirel
MERMOZ de Daniel Hillion
SOVEREIGN OF THE SEAS de Daniel Hillion
NORWAY EN FRANCE de Éric Houri
DE GRASSE de Gilles Barnichon et Pierrick Roullet
NAVIRES HÔPITAUX FRANÇAIS AU XXe siècle / FRENCH HOSPITAL SHIPS DURING THE XXth CENTURY de Gilles Barnichon
LA FLOTTE DES NAVIRES CITERNES FRANÇAIS / THE FRENCH TANKER FLEET de Hans Pedersen et de Paul Bois
LA RÉVOLUTION DE LA VAPEUR DANS LES MARINES AU XIXe SIÈCLE / THE REVOLUTION OF STEAM IN THE XIXth CENTURY NAVIES de Serge Orlowski
LA FLOTTE SNCF ET LES CAR FERRIES FRANÇAIS de Gilles Barnichon et Stéphane Zunquin
LA SOCIÉTÉ GÉNÉRALE DES TRANSPORTS MARITIMES de Alain Croce
FRANCE, L'ALBUM SOUVENIR de Pascal Halley

Romans et nouvelles

PORTS D'ESCALES de Christian Clères
CROISIÈRE NOIRE SUR LE FRANCE de Alain-Pierre Mahuzier (roman policier)
LES FILS DU VENT de Jean-Marc Van Hille
NOËL SUR UN ARBRE PERCHÉ Contes de Paul Frémiot
LA POMPE À BIÈRE NE RÉPOND PLUS de Paul Frémiot
POISSON-GAROU de Paul Frémiot
LE TOUR DU MONDE DU SILVACANE de Henri Bourdereau

Récits

LETTRES DU PACIFIQUE de Henri Bourdereau
SI PRÈS DU CAP HORN de Loïck Fougeron
RAYON VERT AU CAP HORN de Loïck Fougeron
MEN GLAZ de Jean Lemasson
ROUTE LIBRE de Gilbert Renouvin
UNE SOIF D'OCÉANS de Chantal et Joseph Lipous
SEPT FOIS LE TOUR DU SOLEIL de Nicole van de Kerchove
ÉCLATS D'OCÉANS de Danièle Romatet
JUSQU'AU BOUT DE NOS RÊVES À LA VOILE de Georges Hallet
ALINGHI, LE FABULEUX DÉFI SUISSE, L. Gilliéron et O. Noverraz
L'ESQUILO EN PATAGONIE de Nicole van de Kerchove

Nouveautés 2007-2008 !

FRANCE NORWAY de Daniel Hillion
NAVIRES SPÉCIALISÉS de Gilles Barnichon
CRIMES DE GUERRE EN MER 1939-1945 de Philippe Eberlin
L'ATLANTIQUE À L'ENVERS de Patrick de Kersaintgilly
VOILES DE LÉGENDES de Gérard Fournier
CUNARD, LES MAJESTÉS DE L'ATLANTIQUE et leurs concurrents de Gilles Barnichon et Daniel Hillion
HISTOIRE DU FRANCE PAR LA MAQUETTE de Claude Febvay
SANDY HOOK, le plus mystérieux des peintres de marine de Daniel Hillion
UNIFORMES DES OFFICIERS DE MARINE 1830-1940 de Éric Schérer
LES CAP-HORNIÈRES de Étienne Bernet
LA MER EN BLEU DE CHAUFFE de Gilbert Renouvin

Pêche contemporaine 2007-2008

CHALUTIERS DANS LA TEMPÊTE de Gérard Fournier
SARDINIERS AU TRAVAIL de Gérard Fournier
BATEAUX EN BOIS de Philippe Malpertu
CATAMARANS DE PÊCHE de Stéphane Blé, Hervé Flament et Éric Touche

Imprimé et relié en Espagne par Beta, Doctor Roux 67 Barcelona
Septembre 2008
Dépôt légal : 3e trimestre 2008